En gratitud a mis padres, Carlos Vital y María de Jesús Cruz,
a mis hermanos y hermanas
y a todas las personas que tendrán este libro en sus manos,
con el deseo de que sea como un rayito de luz
que ilumine su día y su vida al ser partícipes de este
año de gracia.
Gracias por su continuo apoyo y oración.

W0006594

INTRODUCCIÓN

El tiempo pasa demasiado rápido. Vamos siempre deprisa, aturdidos por el ambiente y el ruido que nos rodea, sin permitirnos pensar en lo que es verdaderamente importante. Así es como sentimos que la vida se nos va de las manos. Tenemos que establecer prioridades en la vida, y una de ellas es esta: darle tiempo a Dios en nuestra apretada agenda.

Te invito a que te detengas a reflexionar sobre lo que pasa en tu vida personal, familiar y espiritual. No sabemos lo que nos deparará el año 2016. Quizá sea un año en el que se entremezclen la luz y las sombras, la esperanza y la angustia, las alegrías y las tristezas, la salud y la enfermedad. Pero si hay algo de lo que podemos estar seguros es de que Dios nunca nos dejará solos.

Este pequeño libro te ayudará a detener el tiempo para que puedas encontrar el tesoro escondido del que nos habla el Evangelio en Mateo 13:44 ("El Reino de los cielos se parece a un tesoro escondido en un campo. El que lo encuentra lo vuelve a esconder y, lleno de alegría, va y

---

vende cuanto tiene y compra aquel campo"). Te ofrecerá herramientas que te ayudarán a crecer moral y espiritualmente. Te permitirá reflexionar a la luz de la Palabra de Dios en la Tradición de las enseñanzas de la Iglesia católica y en la vida de los santos. Descubrirás también la importancia que la Iglesia le da a la Virgen María, Madre de Dios y madre nuestra a lo largo del año litúrgico.

Aprender a meditar, reflexionar y poner en práctica la Palabra de Dios toma tiempo. No es una tarea fácil, pero tampoco imposible. ¡Inténtalo! Las siguientes sugerencias te ayudarán en esa tarea:

- Prepara un rinconcito de oración en el que te sientas cómodo y a gusto.
- Dedica por lo menos cinco minutos de reflexión al día. Esto te preparará para ver a través de los ojos de Dios y actuar como hijo o hija de Dios.
- Da gracias por la abundancia de dones que Dios te ha dado.
- Toma como ejemplo y testigos del amor de Dios a los santos que dieron su vida por Jesús.
- Piensa en que tu día será como el Señor lo promete: tu carga será suave y ligera para ti y para las personas que te encuentres.

Al meditar cada día y con cada página, invita al Espíritu Santo a que sea tu guía en el camino. Esto puedes hacerlo en un ratito de descanso en medio de las tareas diarias de la casa, el trabajo y el estudio. No te excuses tratando de convencerte de que las ocupaciones no te dejan tiempo. Abre la ventana de tu corazón al Señor Jesús; deja que entre y te hable directo al corazón. Déjate conducir. . . ¡Sé dócil al Espíritu de Dios!

Las citas bíblicas son extraídas del Leccionario, por lo que podrás abrir tu Biblia y leer el pasaje completo. Descansa en la presencia de Dios por unos momentos, respira profundo y siente cómo la vida es un don de Dios. Descubre cómo su existencia late en la creación, en el cosmos, en la familia, en la sociedad y, lo más importante, en ti mismo.

Las meditaciones y preguntas que se ofrecen en este libro son para ayudarte a vivir con mayor intensidad el discipulado que todos, por nuestro Bautismo, estamos llamados a llevar a cabo. Ser discípulos es estar pendientes de lo que el Maestro quiere de nosotros, es estar atentos a su voz, es seguirlo como ovejas de su rebaño y es entrar por la puerta de la fe cada día, hora y momento del año.

Deseo que una de tus metas para este año sea dedicar tiempo a enamorarte de Dios. Si tantos hombres y mujeres que ya están con él y con la Virgen María en el cielo lograron esta intimidad con Jesucristo, nosotros también podemos lograrlo.

Oremos con la oración de santa Teresa de Ávila en este año lleno de gracia:

Nada te turbe;
nada te espante;
Dios no se muda,
la paciencia
todo lo alcanza.
Quien a Dios tiene,
nada le falta.
Solo Dios basta.
Amén.

"Velen, pues, y hagan oración continuamente, para que puedan escapar de todo lo que ha de suceder y comparecer seguros ante el Hijo del hombre".
—LUCAS 21:36

Prestar atención, velar, preocuparnos menos de las cosas externas y dirigir nuestra mirada y atención hacia nuestro interior. Sabemos con certeza que la venida del Hijo del Hombre nos ha de liberar, pero mientras esto sucede, oremos continuamente para estar preparados en esta Navidad.

Orar en familia es esencial. ¡Aprovechemos cualquier oportunidad de orar junto a los nuestros!

Jeremías 33:14–16
Salmo 25:4–5,8–9,10,14 (1b)
1 Tesalonicenses 13:12—4:2
Lucas 21:25–28,34–36

30 DE NOVIEMBRE

• SAN ANDRÉS, APÓSTOL •

Ellos, dejando enseguida la barca y a su padre, lo siguieron.
—MATEO 4:22

Recuérdame, Señor, que por mi Bautismo, tengo el compromiso de seguirte y cooperar en la misión de ser pescador. Recuérdame estar atento a lo que me pides y despojarme de todo lo que me estorba para entregarme a ti. Que este Adviento no pase en vano por mi vida. Que sepa aprovechar cada oportunidad que tú me brindas. Que sea un nuevo comienzo donde yo abra mi corazón para recibir todas las gracias que tú nos das. ¡Que sea verdaderamente un año lleno de gracia!

Romanos 10:9–18
Salmo 19:8,9,10,11
Mateo 4:18–22

1 DE DICIEMBRE

En aquel día brotará un renuevo del tronco de Jesé,
un vástago florecerá de su raíz.
Sobre él se posará el espíritu del Señor,
espíritu de sabiduría e inteligencia,
espíritu de consejo y fortaleza,
espíritu de piedad y temor de Dios.
Jesús se llenó de júbilo en el Espíritu Santo.
—ISAÍAS 11:1–3 Y LUCAS 10:21

¡Llenarnos de júbilo! ¿Cuándo lo hemos hecho? ¿Es parte de nuestra vida la alegría? El Señor Jesús nos advierte que la alegría verdadera viene de las cosas pequeñas.

¿Puedo imaginar una vida así, plena en el Espíritu de Dios?

Isaías 11:1–10
Salmo 72:1–2,7–8,12–13,17
Lucas 10:21–24

2 DE DICIEMBRE

La gente se llenó de admiración, al ver que los lisiados estaban curados, que los ciegos veían, que los mudos hablaban y los tullidos caminaban por lo que glorificaron al Dios de Israel.

—MATEO 15:31

¿Qué nos causa admiración en estos tiempos? Sin duda alguna la tecnología y la forma de comunicarnos nos deslumbran. ¿Pero acaso esta admiración sacia nuestras necesidades físicas y espirituales? ¿Nos hace feliz la tecnología?

Dejemos de pasar tanto tiempo consultándole a *Google* nuestras dudas, y en su lugar, comencemos una relación íntima con Dios. ¡Con seguridad saldremos ganando!

Isaías 25:6–10a
Salmo 23:1–3a,3b–4,5,6
Mateo 15:29–37

Jueves

3 DE DICIEMBRE

• SAN FRANCISCO JAVIER, PRESBÍTERO •

[Jesús dijo:] "El que escucha estas palabras mías y no las pone en práctica, se parece a un hombre imprudente, que edificó su casa sobre arena".
—MATEO 7:24

Jesús ilustra sus enseñanzas con parábolas. Hoy nos recomienda una actitud de fe que sea auténtica y coherente con nuestra vida, actuar con honestidad y que nuestras palabras sean consecuentes con nuestros hechos.

Ante nuestras limitaciones humanas, acudamos a la roca firme que es Cristo.

Isaías 26:1–6
Salmo 118:1 y 8–9,19–21,25–27a
Mateo 7:21,24–27

Viernes

4 DE DICIEMBRE

• SAN JUAN DAMASCENO, PRESBÍTERO Y DOCTOR DE LA IGLESIA •

"¡Hijo de David, compadécete de nosotros!"
—MATEO 9:27

Los ciegos del camino reconocieron a Jesús como el que les ayudaría a ver; le pidieron compadecerse de su situación de invidentes. Sus ojos estaban apagados, pero su corazón estaba lleno de luz. Jesús tocó a los ciegos y enseguida vieron. El signo externo de tocarlos ayudó, pero en realidad lo que les devolvió la vista fue su fe.

Isaías 29:17–24
Salmo 27:1,4,13–14
Mateo 9:27–31

5 DE DICIEMBRE

En aquel tiempo, Jesús recorría todas las ciudades y los pueblos, enseñando en las sinagogas, predicando el Evangelio del Reino y curando toda enfermedad y dolencia.

—MATEO 9:35

Trabajamos afanosamente todo el día y llegamos a casa agotados. El poco tiempo libre que nos queda entre un día laboral y otro muchas veces lo llenamos con cosas superfluas.

Recordemos que es a Jesús al que estamos por celebrar. Es él quien nos enseña el camino y nos cura. ¿Pero cuántas veces lo olvidamos por andar de compras navideñas? ¡Que nuestro corazón y nuestra mente vuelvan a su encuentro!

Isaías 30:19–21,23–26
Salmo 147:1–2,3–4,5–6
Mateo 9:35–10:1,5a,6–8

6 DE DICIEMBRE

• II DOMINGO DE ADVIENTO •

Ponte de pie, Jerusalén, sube a la altura,
levanta los ojos y contempla a tus hijos,
reunidos de oriente y de occidente,
a la voz del espíritu,
gozosos porque Dios se acordó de ellos.
Salieron a pie, llevados por los enemigos;
pero Dios te los devuelve llenos de gloria,
como príncipes reales.
—BARUC 5:5–6

Las lecturas de hoy nos siguen instando a levantar la cabeza
y contemplar la grandeza del Señor. Pongámonos de pie y
sigamos adelante, con la dignidad que nos confiere ser hijos
e hijas de un Rey.

Baruc 5:1–9
Salmo 126:1–2,2–3,4–5,6 (3)
Lucas 3:1–6

[Jesús dijo:] "Amigo mío, se te perdonan tus pecados".
—LUCAS 5:20

Es importante que siempre contemos con las personas que vienen a la comunidad, sea cual sea su procedencia o nivel socioeconómico. Son esas personas las que nos dan un empujoncito para acercarnos a Jesús. Al estar juntos, podemos revivir la experiencia del paralítico y su encuentro con Jesús.

Isaías 35:1–10
Salmo 85:9ab y 10,11–12,13–14
Lucas 5:17–26

*Entró el ángel a donde ella estaba y le dijo: "Alégrate, llena de gracia, el
Señor está contigo". Al oír estas palabras, ella se preocupó mucho y se
preguntaba qué querría decir semejante saludo.*
—LUCAS 1:28–29

En este pasaje del Evangelio podemos decir que María nos
representa. En ella podemos ver a la humanidad abierta
hacia la acción de Dios. María es, pues, nuestro escudo y
baluarte para acercarnos a Dios. ¡Santa María, Madre de
Dios, acompáñanos!

Génesis 3:9–15,20
Salmo 98:1,2–3,3–4 (1a)
Efesios 1:3–6,11–12
Lucas 1:26–38

9 DE DICIEMBRE

• SAN JUAN DIEGO CUAUHTLATOATZIN •

[Jesús dijo:] "Tomen mi yugo sobre ustedes y aprendan de mí, que soy manso y humilde de corazón, y encontrarán descanso, porque mi yugo es suave y mi carga, ligera".
—MATEO 11:29–30

Hoy el Señor nos enseña acerca del yugo del amor. Ese yugo que nos hace humildes y nos da un corazón sencillo. Así se alivianará la carga.

Isaías 40:25–31
Salmo 103:1–2,3–4,8 y 10
Mateo 11:28–30

Jueves

10 DE DICIEMBRE

Desde los días de Juan el Bautista hasta ahora, el Reino de los cielos exige esfuerzo, y los esforzados lo conquistarán.
—MATEO 11:12

La historia de la Salvación se va engranando misteriosamente en nuestra vida cotidiana. Dios, que asume nuestra condición humana y se encarna en la persona que responde con su esfuerzo a lo divino. La liturgia de hoy nos recuerda que las cosas pequeñas adquieren un valor grande si las vivimos con el sentido de la presencia de Dios en nuestra vida.

Isaías 41:13–20
Salmo 145:1 y 9,10–11,12–13ab
Mateo 11:11–15

"Yo soy el Señor, tu Dios,
el que te instruye en lo que es provechoso,
el que te guía por el camino que debes seguir.
¡Ojalá hubieras obedecido mis mandatos!
Sería tu paz como un río
y tu justicia, como las olas del mar".
—ISAÍAS 48:17–18

Si la paz fuera parte integral de nuestro hacer diario, la guerra, el hambre y la violencia no estarían tan arraigadas en el mundo. El Señor viene a salvarnos haciéndose presente en nuestras situaciones humanas. Quiere celebrar con nosotros su victoria sobre el mal.

¡Ven, Señor Jesús!

Isaías 48:17–19
Salmo 1:1–2,3,4 y 6
Mateo 11:16–19

Sábado

12 DE DICIEMBRE

• NUESTRA SEÑORA DE GUADALUPE •

*En aquellos días, María se encaminó presurosa a un pueblo de las
montañas de Judea, y entrando en la casa de Zacarías, saludó a Isabel. En
cuanto ésta oyó el saludo de María, la criatura saltó en su seno.*
—LUCAS 1:39–41

Oremos con fervor a Nuestra Señora de Guadalupe en
su día:

Mi corazón en amarte eternamente se ocupe,
y mi lengua en alabarte,
Madre mía de Guadalupe.
Amén.

Zacarías 2:14–17 o
Apocalipsis 11:19a; 12:1–6a,10ab
Judit 13:18bcde,19
Lucas 1:26–38 o 1:39–47

13 DE DICIEMBRE

• III DOMINGO DE ADVIENTO •

El Señor, tu Dios, tu poderoso salvador,
está en medio de ti.
Él se goza y se complace en ti;
él te ama y se llenará de júbilo por tu causa,
como en los días de fiesta.
—SOFONÍAS 3:17–18

La actitud de esperar a Jesús es portadora de un gozo activo. Nuestro corazón ya debe estar preparado para el nacimiento del Señor. El profeta así lo proclama.

¿Experimento el júbilo de recibir a Jesús? ¿Percibo y vivo la relación entre la Navidad y la alegría?

Sofonías 3:14–18a
Isaías 12
Filipenses 4:4–7
Lucas 3:10–18

En aquellos días, mientras Jesús enseñaba en el templo, se le acercaron los sumos sacerdotes y los ancianos del pueblo y le preguntaron: "¿Con qué derecho haces todas estas cosas? ¿Quién te ha dado semejante autoridad?"
—MATEO 21:23

Ojalá que no actuemos como los ancianos y los sumos sacerdotes que solo querían ponerle una trampa a Jesús.

¿Cómo me acerco a Jesús cuando oro? ¿Es para retarlo, reclamarle o preguntarle cosas? ¿O es para buscar su paz y su remanso?

Números 24:2–7,15–17a
Salmo 25:4–5ab,6 y 7bc,8–9
Mateo 21:23–27

[Jesús dijo:] "Ustedes, ni siquiera después de haber visto, se han arrepentido ni han creído en él".
—MATEO 21:32

Hacer la voluntad del padre para trabajar en su viña requiere, ante todo, responder a su invitación. Esto algunas veces implica tener que arrepentirnos de nuestras rebeldías y de nuestros "no".

Cuando el Señor me invita a ser mejor, ¿cómo le respondo? ¿Trabajo de buen modo en el cambio de actitud ante mis rebeldías?

Sofonías 3:1–2,9–13
Salmo 34:2–3,6–7,17–18,19 y 23
Mateo 21:28–32

[Jesús dijo:] "Los ciegos ven, los cojos andan, los leprosos quedan limpios, los sordos oyen, los muertos resucitan y a los pobres se les anuncia el Evangelio".
—LUCAS 7:22

Jesús muestra los signos divinos que lo acreditan como el Mesías. Anuncia la Buena Nueva del Reino a los oprimidos. Entonces, como ahora, levanta la voz en favor de los sin voz. No tenemos que esperar a otro. El Señor, nuestro Dios, ya viene.

Isaías 45:6b–8,18,21b–25
Salmo 85:9ab y 10,11–12,13–14
Lucas 7:18b–23

Jueves

17 DE DICIEMBRE

"No se apartará de Judá el cetro,
ni de sus descendientes, el bastón de mando,
hasta que venga aquel a quien pertenece
y a quienes los pueblos le deben obediencia".
—GÉNESIS 49:10

Los pasajes de las lecturas del Adviento son ricos en contenido sobre la historia de la Salvación. Se entretejen en un ambiente de esperanza, oración y obediencia. Dios derrama sus bendiciones a su pueblo.

¿Me siento parte de esa historia y de ese pueblo? ¿Es Dios mi esperanza en este Adviento?

Génesis 49:2,8–10
Salmo 72:1–2,3–4ab,7–8,17
Mateo 1:1–17

[El ángel dijo a José:] "Dará a luz un hijo y tú le pondrás el nombre de Jesús, porque él salvará a su pueblo de sus pecados".
—MATEO 1:21

José no es una figura decorativa en el entorno del nacimiento de Jesús. Él también es partícipe en esta obra de Salvación. José adopta a Jesús como hijo, protegiendo la reputación de María y la seguridad de un hogar para el niño.

¿He protegido la reputación de alguien? ¿Cómo me sentí al hacerlo?

Jeremías 23:5–8
Salmo 72:1–2,12–13,18–19
Mateo 1:18–25

[El ángel Gabriel dijo a Zacarías:] "Tú te llenarás de alegría y regocijo, y otros muchos se alegrarán también de su nacimiento, pues él será grande a los ojos del Señor".
—LUCAS 1:14

La acción de Dios rompe todo proyecto humano y pasa por encima de cualquier lógica terrenal. Así les ocurre a Isabel y a Zacarías. ¡Nunca imaginaron tener un hijo en su ancianidad! Zacarías se queda atónito y pierde el habla ante el misterio. Pero el silencio le ayuda a madurar la gracia de ser padre y de crecer en confianza en Dios.

¡Que la confianza en Dios también crezca y madure en mi vivir diario!

Jueces 13:2–7,24–25a
Salmo 71:3–4a,5–6ab,16–17
Lucas 1:5–25

Domingo

20 DE DICIEMBRE

• IV DOMINGO DE ADVIENTO •

[Isabel dijo a María:] "Dichosa tú, que has creído, porque se cumplirá
cuanto te fue anunciado de parte del Señor".
—LUCAS 1:45

La alegría de este domingo es palpar cómo Dios actúa a
través de los humildes. La alabanza de Isabel a María es
válida para todo el que recibe en su corazón la palabra de
Dios y la pone en práctica. María lo hizo desde su "sí".
Isabel, proclamando a María dichosa. Ambas se prepararon
sirviéndose mutuamente.

¿He ido creciendo en júbilo este Adviento? ¿Me llena de
entusiasmo recibir al Señor?

Miqueas 5:1–4a
Salmo 80:2–3,15–16,18–19 (4)
Hebreos 10:5–10
Lucas 1:39–45

Gózate y regocíjate de todo corazón, Jerusalén.
—SOFONÍAS 3:14

Estamos ya por recibir al Niño de Belén; la alegría se percibe en el ambiente. La madre, María, nos llevará hasta el pesebre. Todo se detendrá ante la maravilla de mi encuentro con Dios.

¿Cómo muestro mi emoción y alegría ante ese encuentro? ¿Cómo contagio a los demás esta alegría?

Cantar de los Cantares 2:8–14 o
Sofonías 3:14–18a
Salmo 33:2–3,11–12,20–21
Lucas 1:39–45

22 DE DICIEMBRE

"Por eso, ahora yo se lo ofrezco al Señor, para que le quede consagrado de por vida". Y adoraron al Señor.
—1 SAMUEL 1:28

Consciente o inconscientemente nuestros padres nos ofrecieron a Dios el día de nuestro bautismo. Fuimos consagrados a él para siempre. Por eso, nuestra vida debe ser adorarlo. La Navidad nos recuerda ese detalle de consagración y adoración.

I Samuel 1:24–28
I Samuel 2
Lucas 1:46–56

Miércoles

23 DE DICIEMBRE

• SAN JUAN CANCIO, PRESBÍTERO •

Él reconciliará a los padres con los hijos
y a los hijos con los padres.
—MALAQUÍAS 3:24

La Navidad es un tiempo para reconciliarnos con nosotros mismos, con la familia, con la creación y con Dios. De este modo, Cristo nos encontrará reconciliados cuando venga. Pidámosle al Señor que nos mueva hacia un continuo diálogo de reconciliación.

¿Con quién debo reconciliarme yo?

Malaquías 3:1–4,23–24
Salmo 25:4–5ab,8–9,10 y 14
Lucas 1:57–66

Y a ti, niño, te llamarán profeta del Altísimo,
porque irás delante del Señor a preparar sus caminos
y a anunciar a su pueblo la salvación,
mediante el perdón de sus pecados.
—LUCAS 1:76–77

Dios sigue invitándonos a preparar caminos de Salvación, anunciando su amor y su paz. Abrir nuevos caminos de evangelización no es fácil, pero somos profetas del Altísimo y él nos dará la fuerza y la confianza para hacerlo.

2 Samuel 7:1–5,8b–12,14a,16
Salmo 89:2–3,4–5,27 y 29
Lucas 1:67–79

Viernes

25 DE DICIEMBRE

El ángel les dijo [a los pastores:] "No teman. Les traigo una buena noticia que causará gran alegría a todo el pueblo: hoy les ha nacido, en la ciudad de David, un salvador, que es el Mesías, el Señor. Esto les servirá de señal: encontrarán al niño envuelto en pañales y recostado en un pesebre".
—LUCAS 2:10–12

Hoy tenemos la oportunidad de expandir la bondad de Dios a través de nuestros corazones. Su bondad está en medio de la alegría y del sufrimiento. ¿Qué podemos pedir? ¿Qué podemos dar? Seamos como los pastores, primeros testigos de su amor.

MISA VESPERTINA DE
LA VIGILIA
Isaías 62:1–5
Salmo 89:4–5,16–17,27,29 (2a)
Hechos 13:16–17,22–25
Mateo 1:1–25 o 1:18–25

MISA DE LA NOCHE
Isaías 9:1–6
Salmo 96:1–2,2–3,11–12,13
Tito 2:11–14
Lucas 2:1–14

MISA DE LA AURORA
Isaías 62:11–12
Salmo 97:1,6,11–12
Tito 3:4–7
Lucas 2:15–20

MISA DEL DÍA
Isaías 52:7–10
Salmo 98:1,2–3,3–4,5–6 (3c)
Hebreos 1:1–6
Juan 1:1–18 o 1:1–5,9–14

26 DE DICIEMBRE

• SAN ESTEBAN, PROTOMÁRTIR •

Pero Esteban, lleno del Espíritu Santo, miró al cielo, vio la gloria de Dios y a Jesús, que estaba de pie a la derecha de Dios, y dijo: "Estoy viendo los cielos abiertos y al Hijo del hombre de pie a la derecha de Dios".
—HECHOS 7:55–56

Primer mártir, primer santo y discípulo de Jesús que celebramos en la octava de Navidad. Su virtud heroica fue la de defender la sabiduría de Dios entre su pueblo y ante los miembros del sanedrín.

Al imaginar los cielos abiertos que Esteban ve antes de morir, ¿cómo visualizo a Jesús a la derecha de Dios? ¿Qué siento ante tanto esplendor?

Hechos 6:8–10;7:54–59
Salmo 31:3cd–4,6 y 8ab,16bc y 17
Mateo 10:17–22

$\mathcal{D}$ o m i n g o

27 DE DICIEMBRE

• FIESTA DE LA SAGRADA FAMILIA DE JESÚS, MARÍA Y JOSÉ •

*Que en sus corazones reine la paz de Cristo, esa paz a la que han sido
llamados, como miembros de un solo cuerpo. Finalmente sean agradecidos.*
—COLOSENSES 3:15

Dios ama a cada una de nuestras familias a pesar de sus
problemas y divisiones. El hogar es sagrado. En casa se
dialoga, se ora y se escucha. La oración en familia invita
a una expresión de unidad y de amor, como la familia que
formaron Jesús, María y José.

¿Le doy gracias a Dios por mi familia? ¿Qué puedo hacer
para que reine la unidad y el amor en mi familia?

Sirácide 3:2–7,12–14 o
1 Samuel 1:20–22,24–28
Salmo 84:2–3,5–6,9–10
Colosenses 3:12–21 o 3:12–17 o
1 Juan 3:1–2,21–24
Lucas 2:41–52

28 DE DICIEMBRE

• LOS SANTOS INOCENTES, MÁRTIRES •

[El ángel dijo a José:] "Levántate, toma al niño y a su madre, y huye a Egipto. Quédate allá hasta que yo te avise porque Herodes va a buscar al niño para matarlo".
—MATEO 2:13

Mucha gente inocente es víctima de la violencia en nuestra sociedad. Todos los inocentes, entre los que hay muchos niños, han plantado su cruz junto al pesebre. Ahora siguen a Cristo en su gloria, cantando junto con todos los mártires del mundo. ¡Gloria a ti, Señor!

¿Qué puedo hacer para defender la dignidad de la vida humana?

1 Juan 1:5–2:2
Salmo 124:2–3,4–5,7b–8
Mateo 2:13–18

Martes

29 DE DICIEMBRE

El que afirma que permanece en Cristo debe de vivir como él vivió.
—1 JUAN 2:6

Dios nuestro, que otorgaste a santo Tomás Becket
el valor para derramar su sangre por la justicia
y en defensa de la libertad de la Iglesia,
concédenos, por su intercesión,
estar dispuestos a sacrificar cualquier cosa
por amor a nuestros hermanos y hermanas y a Cristo,
que vive y reina contigo.
Amén.

1 Juan 2:3–11
Salmo 96:1–2a,2b–3,5b–6
Lucas 2:22–35

30 DE DICIEMBRE

Una vez que José y María cumplieron todo lo que prescribía la ley del Señor, se volvieron a Galilea, a su ciudad de Nazaret. El niño iba creciendo y fortaleciéndose, se llenaba de sabiduría y la gracia de Dios estaba con él.
—LUCAS 2:39–40

Concédenos, Señor, crecer en fortaleza y sabiduría,
que tu gracia sea la fuente que nos lleva a ti.
Que cumplamos tu voluntad con esmero y prontitud,
para que merezcamos, al final de la vida,
la felicidad que no se acaba.
Por nuestro Señor Jesucristo.
Amén.

1 Juan 2:12–17
Salmo 96:7–8a,8b–9,10
Lucas 2:36–40

31 DE DICIEMBRE

• SAN SILVESTRE I, PAPA •

Y aquel que es la Palabra se hizo hombre / y habitó entre nosotros. / Hemos visto su gloria, / gloria que le corresponde como a Unigénito del Padre, / lleno de gracia y de verdad.
—JUAN 1:14

El Verbo habitó entre nosotros; se hizo uno de nosotros. Como nos lo dice la constitución *Gaudium et spes* del Concilio Vaticano II, Cristo es el centro de la historia y de la civilización. Es el foco central de la familia humana, la alegría de todos los corazones. Con Jesús, que se ha hecho nuestro hermano, formamos parte de la familia de Dios. Somos hijos e hijas del único Padre y herederos suyos.

¿Actúo como hijo o hija de Dios?

1 Juan 2:18–21
Salmo 96:1–2,11–12,13
Juan 1:1–18

Viernes

1 DE ENERO

• MARÍA SANTÍSIMA, MADRE DE DIOS •

María, por su parte, guardaba todas las cosas y las meditaba en
su corazón.
—LUCAS 2:19

Salve, reina de los cielos
y Señora de los ángeles;
salve raíz, salve puerta
que dio paso a nuestra luz.
Alégrate, virgen Gloriosa,
entre todas la más bella;
salve, agraciada doncella,
ruega a Cristo por nosotros.
¡Sé nuestra guía en este año!
Amén.

Números 6:22–27
Salmo 67:2–3,5,6,8 (2a)
Gálatas 4:4–7
Lucas 2:16–21

Sábado

2 DE ENERO

• SAN BASILIO MAGNO Y SAN GREGORIO NACIANCENO, OBISPOS Y
DOCTORES DE LA IGLESIA •

*Juan les contestó: "Yo soy la voz que grita en el desierto: 'Enderecen el
camino del Señor', como anunció el profeta Isaías".*
—JUAN 1:23

Todos estamos llamados a ser heraldos de Cristo. Juan el
Bautista es ejemplo a seguir. Su voz clamaba en el desierto
de la sociedad de su tiempo. Él era el portador de la palabra
de la Buena Nueva. Nosotros lo somos ahora. Por sencilla
que sea nuestra vida, será grande si dedicamos tiempo a
anunciar su Palabra.

¿Presto a Dios mi voz? ¿Me entrego a él sin reservas?

1 Juan 2:22–28
Salmo 98:1,2–3ab,3cd–4
Juan 1:19–28

3 DE ENERO

• EPIFANÍA DEL SEÑOR •

Al ver de nuevo la estrella, [los Magos] se llenaron de inmensa alegría.
Entraron en la casa y vieron al niño con María, su madre, y postrándose,
lo adoraron. Después, abriendo sus cofres, le ofrecieron regalos: oro,
incienso y mirra.
—MATEO 2:10–11

Epifanía significa vivir en la luz de Dios y llevar esa luz
a todos los rincones oscuros de nuestra vida. Los retos de
la Epifanía deberían cambiar nuestra vida cristiana. ¿Dónde
debe brillar la luz de Dios en mi vida?

Señor, ilumina y haz arder nuestros corazones
con el esplendor de tu gloria, para que conozcamos
cada vez a nuestro Salvador que hoy se nos
manifiesta.

Isaías 60:1–6
Salmo 72:1–2,7–8,10–11,12–13
Efesios 3:2–3a,5–6
Mateo 2:1–12

⇒ 36 ⇐

4 DE ENERO

• SANTA ISABEL ANN SETON, RELIGIOSA •

[Jesús dijo:] "Conviértanse, porque ya está cerca el Reino de los cielos".
—MATEO 4:17

El Reino que Jesús anuncia debe entenderse bien: es cuestión de conversión diaria. Además, tengamos en cuenta que el más grande debe hacerse el más pequeño; el que tiene la autoridad debe ejercerla para servir a los demás. El Reino de Dios es para los felices, para los que confían en él.

¿Acojo el Reino de los cielos con fe y humildad? ¿Lo atestiguo con mi vida? ¿Imagino el reino en mi vida?

1 Juan 3:22—4:6
Salmo 2:7bc—8,10—12a
Mateo 4:12—17,23—25

Martes

5 DE ENERO

• SAN JUAN NEUMANN, OBISPO •

*El amor consiste en esto: no en que nosotros hayamos amado a Dios, sino
en que él nos amó primero y nos envió a su Hijo, como víctima de expiación
por nuestros pecados.*
—1 JUAN 4:10

Toma, Señor, y recibe
toda mi libertad,
mi memoria,
mi entendimiento,
y toda mi voluntad,
todo mi haber y poseer,
tú me lo diste,
a ti, Señor, lo torno.
Dispón de todo
a tu voluntad.
Dame tu amor y tu gracia
que eso me basta.
Amén.

1 Juan 4:7–10
Salmo 72:1–2,3–4,7–8
Marcos 6:34–44

[Jesús dijo:] "¡Ánimo! Soy yo; no teman". Subió a la barca con ellos y se calmó el viento. Todos estaban llenos de espanto y es que no habían entendido el episodio de los panes, pues tenían la mente embotada.
—MARCOS 6:50–52

Concédenos, Dios todopoderoso, no tener miedo
y estar en la barca junto con Jesús. Infúndenos ánimo
para seguir adelante con nuestros planes en este año
nuevo que apenas comienza.

Fortalece nuestra voluntad cada día de nuestra vida.
Danos fuerza para ser capaces de vencer
cualquier temor que nos atormente.

1 Juan 4:11–18
Salmo 72:1–2,10,12–13
Marcos 6:45–52

Jueves

7 DE ENERO

• SAN RAIMUNDO DE PEÑAFORT, PRESBÍTERO •

[Jesús dijo:]'"El espíritu del Señor está sobre mí, porque me ha ungido para llevar a los pobres la buena nueva, para anunciar la liberación a los cautivos y la curación a los ciegos, para dar libertad a los oprimidos y proclamar el año de gracia del Señor'".
—LUCAS 4:18–19

En el número 27 de la constitución *Gaudium et spes* se nos ayuda a reflexionar sobre la importancia de ser generosamente prójimos de todo ser humano, especialmente de los ancianos, de los niños y de todo trabajador extranjero muchas veces injustamente discriminado. Si decimos que somos verdaderos hijos e hijas de Dios, el espíritu de fraternidad debe vivirse en la sociedad.

¿Me siento liberado o cautivo para hacer el bien?

1 Juan 4:19–5:4
Salmo 72:1–2,14 y 15bc,17
Lucas 4:14–22a

8 DE ENERO

En aquel tiempo, estando Jesús en un poblado, llegó un leproso, y al ver a Jesús, se postró rostro en tierra, diciendo: "Señor, si quieres, puedes curarme". Jesús extendió la mano y lo tocó, diciendo: "Quiero. Queda limpio". Y al momento desapareció la lepra.

—LUCAS 5:12–14

Señor, quiero ser como el leproso
que se presentó ante ti con fe para que lo curaras.
Los males que nos afligen son muchos,
las culpas individuales y sociales nos agobian.
Pero tengo la certeza de que tú puedes sanarnos.

1 Juan 5:5–13
Salmo 147:12–13,14–15,19–20
Lucas 5:12–16

[Juan dijo:] "Así también yo me lleno ahora de alegría. Es necesario que él crezca y que yo venga a menos".
—JUAN 3:29–30

Juan no era un amargado. Sus discípulos reaccionaron con envidia y celos; vieron en Jesús un reto para Juan. Sin embargo, la alegría de Juan es plena porque ha cumplido su misión. Lo vemos en la frase que lo dice todo: "Que él crezca y que yo venga a menos".

¿Permito que Jesús crezca en mi vida y ministerio?

1 Juan 5:14–21
Salmo 149:1–2,3–4,5 y 6a y 9b
Juan 3:22–30

Domingo

10 DE ENERO

• BAUTISMO DEL SEÑOR •

Sucedió que entre la gente que se bautizaba, también Jesús fue bautizado.
Mientras éste oraba, se abrió el cielo y el Espíritu Santo bajó sobre él en
forma sensible, como de una paloma, y del cielo llegó una voz que decía:
"Tú eres mi Hijo, el predilecto; en ti me complazco".
—LUCAS 3:21–22

Con la Fiesta del Bautismo del Señor terminamos el tiempo
de Navidad. Ojalá que este tiempo litúrgico nos haya
ayudado a ver que, por nuestro Bautismo, participamos en
el misterio de la Pascua de Cristo. Pidamos al Señor que
nos llene de su Espíritu, para que podamos vivir en realidad
como hijos e hijas suyos y demos testimonio de su amor.

Isaías 42:1–4,6–7
Salmo 104:1b–2,3–4,24–25,27–28,29–30 (1)
Tito 2:11–14;3:4–7
Lucas 3:15–16,21–22

11 DE ENERO

Jesús se fue a Galilea para predicar el Evangelio de Dios y decía: "Se ha cumplido el tiempo y el Reino de Dios ya está cerca. Arrepiéntanse y crean en el Evangelio".
—MARCOS 1:14–15

El tiempo se ha cumplido. Marcos nos presenta a Jesús como el heraldo que lleva la buena noticia. Todo lo esperado y preanunciado en el Antiguo Testamento está a la puerta. La manifestación de Dios está cerca. La invitación es a cambiar de mentalidad; a llegar a la conversión y la fe a través del llamado a seguirlo. Los discípulos respondieron inmediatamente.

Jesús nos sigue pidiendo acción. ¿Cómo le respondo yo?

1 Samuel 1:1–8
Salmo 116:12–13,14–17,18–19
Marcos 1:14–20

12 DE ENERO

En aquel tiempo, se hallaba Jesús en Cafarnaúm y el sábado fue a la sinagoga y se puso a enseñar. Los oyentes quedaron asombrados de sus palabras, pues enseñaba como quien tiene autoridad y no como los escribas.
—MARCOS 1:21–22

Jesús sigue su itinerario de cada día. Esta vez en la sinagoga nos muestra su misión y su amor incondicional para salvar del mal a aquel hombre poseído por el mal espíritu. Su autoridad viene de sus propios hechos. Ahora Jesús nos invita a imaginar y compartir el mal que nos acongoja.

¿Le cuento a Jesús lo que me agobia? ¿Está él en el centro de mi corazón?

1 Samuel 1:9–20
1 Samuel 2:1,4–5,6–7,8abcd
Marcos 1:21–28

"Samuel, Samuel". Este respondió: "Habla, Señor; tu siervo te escucha".
— 1 SAMUEL 3:10

Urge responder al Señor en estos tiempos. Samuel respondió a la tercera vez. Él fue un gran profeta que cumplió con su misión. Sea cual sea nuestra opción de vida —sacerdocio, vida religiosa, matrimonio o vida laica— asegurémonos de atender al llamado del Señor.

¿Cuántas veces he escuchado la voz de Dios en mi vida? ¿Cuántas veces necesito oírlo para atender a su llamado?

1 Samuel 3:1–10,19–20
Salmo 40:2 y 5, 7–8a,8b–9,10
Marcos 1:29–39

14 DE ENERO

En aquel tiempo, se le acercó a Jesús un leproso para suplicarle de rodillas: "Si tú quieres, puedes curarme". Jesús se compadeció de él, y extendiendo la mano, lo tocó y le dijo: "¡Sí quiero: sana! Inmediatamente se le quitó la lepra y quedó limpio".
—MARCOS 1:40–41

Señor Jesús, tú conoces todas mis angustias y dolores.
Tú me tienes siempre en tu corazón
y por esto te doy gracias.
Tú conoces los caminos de mi vida
y esto me hace ser feliz.
Enséñame a agradecerte
lo que haces por mí.
Bendíceme con una buena salud
del cuerpo y del alma.
Amén.

1 Samuel 4:1–11
Salmo 44:10–11,14–15,24–25
Marcos 1:40–45

[Jesús le dijo al paralítico:] "Yo te lo mando: levántate, recoge tu camilla y vete a tu casa".
—MARCOS 2:11

Jesús se presenta como médico del cuerpo, pero sobre todo como el que libera a la persona en su totalidad. No deja nada a medias: cura por completo el cuerpo y el alma. Así nos otorga la libertad para vencer el mal.

Seamos discípulos de acción. ¡La presencia de Dios está entre nosotros!

1 Samuel 8:4–7,10–22a
Salmo 89:16–17,18–19
Marcos 2:1–12

[Jesús les dijo:] "No son los sanos los que tienen necesidad del médico, sino los enfermos. Yo no he venido para llamar a los justos, sino a los pecadores".
—MARCOS 2:17

Señor, todo lo que he vivido a lo largo de mi jornada
te lo entrego.
Mira con bondad el lugar donde me encuentro ahora.
Tú sabes que no he sido muy justo en mis acciones.
Sé que para llamarme justo debo girar mi corazón y
mis acciones hacia ti y hacia los que me rodean.

¿Soy indiferente ante las personas que sufren?

1 Samuel 9:1–4,17–19;10:1a
Salmo 21:2–3,4–5,6–7
Marcos 2:13–17

Domingo

17 DE ENERO

• II DOMINGO DEL TIEMPO ORDINARIO •

[María dijo:] "Hagan lo que él les diga".
—JUAN 2:5

Jesús es el protagonista de la fiesta de bodas. En el pasaje del Evangelio, Jesús y su madre tienen un papel muy importante. La boda, los novios y los invitados serán los testigos de este primer milagro de Jesús.

El matrimonio en la actualidad está muy devaluado. Debemos luchar por devolverle su dignidad. A la pregunta de si el matrimonio es para toda la vida, la respuesta debe ser un contundente "¡sí!". Entonces, ¿por qué tanto divorcio? Sencillamente porque no le damos cabida a Jesús en la fiesta nupcial.

18 DE ENERO

[Jesús les contestó:] "Nadie le pone un parche de tela nueva a un vestido viejo, porque el remiendo encoge y rompe la tela vieja y se hace peor la rotura. Nadie echa vino nuevo en odres viejos, porque el vino rompe los odres, se perdería el vino y se echarían a perder los odres. A vino nuevo, odres nuevos".

—MARCOS 2:21–22

El sentido del mensaje de Jesús no es remendar, sino transformar completamente la relación con Dios y con las personas que nos rodean. A veces observamos meticulosamente prácticas y normas externas, pero descuidamos la sabiduría de saber cumplir la voluntad de Dios en nuestra vida.

Jesús nos pide dejar lo viejo y ser nuevos en nuestros procederes. ¿Lo hago?

1 Samuel 15:16–23
Salmo 50:8–9,16bc–17,21 y 23
Marcos 2:18–22

[Luego añadió Jesús:] "El sábado se hizo para el hombre y no el hombre para el sábado. Y el Hijo del hombre también es dueño del sábado".
—MARCOS 2:27–28

En los tiempos de Jesús y en nuestros tiempos, siempre ha existido controversia en torno a las leyes y al día de descanso. Constantemente debemos velar porque las leyes laborales no sean injustas con los trabajadores. Hoy la Palabra de Dios nos invita a cumplir las normas establecidas de una manera más profunda, justa y comprometida. Hay que ser conscientes del por qué cumplimos las normas.

¿Sigo las normas por convicción o solo para quedar bien?

1 Samuel 16:1–13
Salmo 80:20,21–22,27–28
Marcos 2:23–28

Había un hombre que tenía tullida una mano. [. . .] [Jesús le dijo al tullido:] "Extiende tu mano". La extendió, y su mano quedó sana. Entonces se fueron los fariseos y comenzaron a hacer planes, con el partido de Herodes, para matar a Jesús.
—MARCOS 3:1–6

¿Qué es más fácil hacer: el bien o el mal? ¿Qué es mejor: optar por la vida o por destruirla? Pidamos al Señor que nos ayude a cambiar nuestro corazón de piedra por uno más humano. Que nos ayude a ser menos testarudos y más comprensivos.

1 Samuel 17:32–33,37,40–51
Salmo 144:1b,2,9–10
Marcos 3:1–6

Jueves

21 DE ENERO

• SANTA INÉS, VIRGEN Y MÁRTIR •

*En efecto, Jesús había curado a muchos, de manera que todos los que
padecían algún mal, se le echaban encima para tocarlo.*
—MARCOS 3:10

Imaginemos por un instante esta grandiosa escena en la que
la multitud rodea a Jesús para tocarlo. Jesús no buscaba
prestigio; su ministerio se enfocaba en los pobres, los
enfermos y los marginados.

¿En qué aspectos de mi vida me siento pobre, marginado y
necesitado del ministerio sanador de Jesús?

Jesús, sé que me esperas, especialmente en la Eucaristía.

1 Samuel 18:6–9;19:1–7
Salmo 56:2–3,9–10a,10b–11,12–13
Marcos 3:7–12

Viernes

22 DE ENERO

• DÍA DE ORACIÓN POR LA PROTECCIÓN LEGAL DE LOS NO NACIDOS •

Constituyó [Jesús] a doce para que se quedaran con él, para mandarlos a predicar y para que tuvieran el poder de expulsar a los demonios.
—MARCOS 3:14–15

Por virtud de nuestro Bautismo, todos somos discípulos de Jesús. Pidámosle la gracia de permanecer siempre en la lucha por hacer el bien y no el mal. ¿Cómo hago el bien a mis hermanos y hermanas necesitados? ¿Hago oración constante para poder distinguir el bien del mal?

> Dios eterno y todopoderoso,
> comunícanos la fuerza de tu Espíritu
> para que te respondamos con actos de amor
> en las cosas pequeñas de todos los días.
> Amén.

1 Samuel 24:3–21
Salmo 57:2,3–4,6 y 11
Marcos 3:13–19

2 3 DE ENERO

• SAN VICENTE, DIÁCONO Y MÁRTIR •

En aquel tiempo, Jesús entró en una casa con sus discípulos y acudió tanta gente, que no los dejaban ni comer.
—MARCOS 3:20

Es curioso que en este pasaje no se mencione de quién era la casa a la que entró Jesús. Solo se dice que entró a una casa. No era la casa de un pariente, de un discípulo ni de ninguna otra persona del Evangelio. Entonces cabe pensar que esa casa podría ser la tuya o la mía.

Al llegar a nuestra casa, ¿qué espera Jesús de nosotros? Seamos conscientes de que ahora nos corresponde recibirlo. Para hacerlo, debemos comprometernos y hacer cambios.

¿Qué cambios estoy dispuesto a hacer yo?

1 Samuel 1:1–4,11–12,19,23–27
Salmo 80:2–3,5–7
Marcos 3:20–21

[Jesús dijo:] "'El Espíritu del Señor está sobre mí, porque me ha ungido para llevar a los pobres la buena nueva, para anunciar la liberación a los cautivos y la curación a los ciegos, para dar libertad a los oprimidos y proclamar el año de gracia del Señor'".
—LUCAS 4:18–19

Lucas hace hincapié en cómo el Espíritu Santo está presente en todas las acciones de Jesús. Es el Espíritu quien le da fuerza para enseñar, curar y dar vida en su ministerio. La misión y la acción del Espíritu Santo continúan en la Iglesia a través de nosotros. La clave está en que demos testimonio y cumplamos con la misión del Espíritu Santo.

¿Cumplo con todo esto en mi vida diaria?

Nehemías 8:2–4a,5–6,8–10
Salmo 19:8,9,10,15
1 Corintios 12:12–30 o 12:12–14,27
Lucas 1:1–4;4:14–21

25 DE ENERO

En aquel tiempo, se apareció Jesús a los Once y les dijo: "Vayan por todo el mundo y prediquen el Evangelio a toda criatura. El que crea y se bautice, se salvará; el que se resista a creer, será condenado".
—MARCOS 16:15–16

Marcos nos presenta las reacciones de la gente ante Jesús. Su familia lo llamaba loco y lo querían llevar a casa. Los escribas decían que estaba poseído. Para el pueblo pobre, él solo hacía el bien reconciliándolos y liberándolos de todo mal. Nuevo modo de vivir. Nuevo modo de relación entre Dios y los hermanos. San Pablo es nuestro ejemplo de conversión y liberación.

Al ser bautizado en el nombre del Padre, del Hijo y del Espíritu Santo se inicia en mí la acción salvadora de Dios. ¿Soy consciente de este gran compromiso? ¿Cuál es mi reacción ante esta propuesta de Jesús?

Hechos 22:3–16 o 9:1–22
Salmo 117:1bc,2
Marcos 16:15–18

No puedo olvidar tus lágrimas al despedirnos, y anhelo volver a verte para llenarme de alegría, pues recuerdo tu fe sincera.
—2 TIMOTEO 1:4

Timoteo y Tito fueron grandes colaboradores de san Pablo. Ambos fueron sus compañeros de misión y evangelización en sus viajes. Pablo los amaba en Cristo Jesús y los animaba a seguir su discipulado con fortaleza de Espíritu.

> Concédenos, Señor, por intercesión
> de Timoteo y Tito, amarte y servirte
> en nuestros hermanos y hermanas
> para que podamos llegar al cielo.
> Por nuestro Señor Jesucristo.
> Amén.

2 Timoteo 1:1–8 o Tito 1:1–5
Salmo 96:1–2a,2b–3,7–8a,10
Marcos 3:31–35

27 DE ENERO

Di, pues, a mi siervo David: "Yo te saqué de los apriscos y de andar tras las ovejas, para que fueras el jefe de mi pueblo, Israel. Yo estaré contigo en todo lo que emprendas, acabaré con tus enemigos y te haré tan famoso como los hombres más famosos de la tierra".
—2 SAMUEL 7:8–10

Como inmigrantes, cada uno de nosotros tiene una historia muy particular, y esa historia es importante. ¿De dónde nos ha sacado Dios? ¿De dónde venimos? ¿Detrás de qué apriscos estábamos escondidos? Aquí, lo importante es que Dios siempre ha estado con nosotros acompañándonos en nuestros sueños y luchas. ¡Su fidelidad es para siempre!

¿Lo siento yo así?

2 Samuel 7:4–17
Salmo 89:4–5,27–28,29–30
Marcos 4:1–20

28 DE ENERO

[Jesús dijo a la multitud:] "¿Acaso se enciende una vela para meterla debajo de una olla o debajo de la cama? ¿No es para ponerla en el candelero? Porque si algo está escondido, es para que se descubra; y si algo se ha ocultado, es para que salga a la luz".

—MARCOS 4:21–23

Hoy celebramos la memoria de un gran doctor de la Iglesia. Santo Tomás de Aquino fue filósofo y teólogo, y maestro de ambas disciplinas. Sus dones fueron escribir y enseñar con gran facilidad. Su humildad radicaba en su gran capacidad de reflexión. Pero lo principal fue su gran entrega a la contemplación y a la oración. Sus reglamentos muchas veces inflexibles, eran para alcanzar a aquel que es la luz.

2 Samuel 7:18–19,24–29
Salmo 132:1–2,3–5,11,12,13–14
Marcos 4:21–25

[Jesús dijo:] "¿Con qué compararemos el Reino de Dios? ¿Con qué parábola lo podremos representar? Es como una semilla de mostaza que, cuando se siembra, es la más pequeña de las semillas; pero una vez sembrada, crece y se convierte en el mayor de los arbustos y echa ramas tan grandes, que los pájaros pueden anidar a su sombra".
—MARCOS 4:30–32

Cada parábola del Reino debe ser interpretada como la continua invitación de Jesús a amar.

¿Cómo reflejo el amor al Reino en mi vida cotidiana? ¿Qué hago para que las semillas puestas en mi corazón crezcan y den fruto? El Reino también es justicia y paz. ¿Soy heraldo de la justicia y la paz?

2 Samuel 11:1–4a,5–10a,13–17
Salmo 51:3–4,5–6a,6bcd–7,10–11
Marcos 4:26–34

[Jesús les dijo:] "¿Por qué tenían tanto miedo? ¿Aún no tienen fe?" Todos se quedaron espantados y se decían unos a otros: "¿Quién es este, a quien hasta el viento y el mar obedecen?"
—MARCOS 4:40–41

Señor, ilumíname
para que pueda reconocer mis miedos.
Anima mi corazón
para que pueda verte en las tempestades de mi vida.
Toca todo mi ser
para que crezca en la fe.
Amén.

2 Samuel 12:1–7a,10–17
Salmo 51:12–13,14–15,16–17
Marcos 4:35–41

31 DE ENERO

• IV DOMINGO DEL TIEMPO ORDINARIO •

Aunque yo repartiera en limosna todos mis bienes y aunque me dejara
quemar vivo, si no tengo amor, de nada me sirve.
—1 CORINTIOS 13:3

La palabra *amor* en la sociedad actual está muy trillada. Se le da mal uso. El amor del que nos habla san Pablo está relacionado con la palabra *contagiar*, es decir, contagiarnos del amor que nos lleve a la influencia de Jesús en nuestra vida.

Señor Jesús, ayúdame a encontrar el verdadero sentido del amor, para que me lleve a dar razón de mi amor por ti. ¡Que no olvide que el amor es el don más grande que tú nos has dado!

Jeremías 1:4–5,17–19
Salmo 71:1–2,3–4,5–6,15,17
1 Corintios 12:31–13:13 o 13:4–13
Lucas 4:21–30

Se acercaron a Jesús y vieron al antes endemoniado, ahora en su sano juicio, sentado y vestido. [. . .] "Vete a tu casa a vivir con tu familia y cuéntales lo misericordioso que ha sido el Señor contigo".
—MARCOS 5:15–19

Marcos nos presenta a un Jesús dominador de demonios. También lo presenta como el mensajero de Dios, que trae a la sociedad de su tiempo y a nosotros ahora, la Buena Nueva del Evangelio. Los que vieron este milagro se admiraron de lo ocurrido. El hombre curado y convertido, se volvió misionero en su familia y en su pueblo, por pedido directo de Jesús.

¿Cuál es mi actitud al salir de alguna tribulación? ¿Cómo me recibe mi familia al regresar a casa después de haber sido curado de algún vicio?

2 Samuel 15:13–14,30; 16:5–13
Salmo 3:2–3,4–5,6–7
Marcos 5:1–20

Martes

2 DE FEBRERO

• PRESENTACIÓN DEL SEÑOR •

Bendijo [Simeón] a Dios diciendo:
"Señor, ya puedes dejar morir en paz a tu siervo,
según lo que me habías prometido,
porque mis ojos han visto a tu Salvador,
al que has preparado para bien de todos los pueblos;
luz que alumbra a las naciones
y gloria de tu pueblo, Israel".
—LUCAS 2:29–32

El Señor niño es presentado en el templo. Cristo encuentra a su pueblo en la persona del anciano Simeón. La Virgen se somete al rito de la purificación judía. La fiesta de la Candelaria es sinónimo de luz. La fiesta de hoy clausura las solemnidades de la manifestación o Epifanía del Señor a la humanidad por medio de la Palabra hecha carne.

¡Señor, quiero ser tu luz!

Malaquías 3:1–4
Salmo 24:7,8,9,10
Hebreos 2:14–18
Lucas 2:22–40 o 2:22–32

[Jesús les dijo:] "Todos honran a un profeta, menos los de su tierra, sus parientes y los de su casa".
—MARCOS 6:4

Ante las propuestas de Jesús, siempre hay quienes manifiestan falta de fe. En este pasaje, sus parientes y los de su pueblo no creían que él fuera el Mesías prometido. Recordemos que "nadie es profeta en su tierra".

Trabajemos incansablemente para ser profetas y dar testimonio en nuestra propia tierra. Concentremos hoy nuestra reflexión en revisar cómo anda nuestra fe. ¿Qué tan fuerte es?

2 Samuel 24:2,9–17
Salmo 32:1–2,5,6,7
Marcos 6:1–6

4 DE FEBRERO

[Jesús dijo:] "Si en alguna parte no los reciben ni los escuchan, al abandonar ese lugar, sacúdanse el polvo de los pies, como una advertencia para ellos".
—MARCOS 6:11

Al sacudirse los zapatos, los discípulos les advertían que estaban renunciando a la Salvación de Dios. Al no aceptarla, no podían pretender que Dios fuera responsable de su vida.

El anuncio del Evangelio llega entre manifestaciones de acogida y rechazo. ¿Cómo recibo yo el anuncio de la Palabra de Dios? ¿Le doy acogida en mi corazón?

1 Reyes 2:1–4,10–12
1 Crónicas 29:10,11ab,11d–12a,12bcd
Marcos 6:7–13

• SANTA ÁGUEDA, VIRGEN Y MÁRTIR • SAN FELIPE DE JESÚS,
PROTOMÁRTIR MEXICANO •

En aquel tiempo, como la fama de Jesús se había extendido tanto, llegó a oídos del rey Herodes el rumor de que Juan el Bautista había resucitado y sus poderes actuaban en Jesús.
—MARCOS 6:14

En tiempos de Jesús, la gente no asimilaba la idea de que él fuera el Mesías, el Hijo de Dios. ¿No será que tenemos la misma situación ahora? ¿Quién reconoce a Jesús?

Ser testigos de la verdad, contestar y vivir en la verdad, ser firmes en nuestras opiniones para afirmar nuestro origen de creyentes, ser capaces de exponer el punto de vista cristiano. . . todo esto es un verdadero reto. ¡No olvidemos que Jesús es el mismo ayer, hoy y siempre!

Eclesiástico (Sirácide) 47:2–11
Salmo 18:31,47 y 50,51
Marcos 6:14–29

Cuando Jesús desembarcó, vio una numerosa multitud que lo estaba esperando y se compadeció de ellos, porque andaban como ovejas sin pastor, y se puso a enseñarles muchas cosas.
—MARCOS 6:34

La multitud que seguía a Jesús se convierte en su rebaño: es alimentada con su palabra y con su pan. Después de estas acciones, la gente reconoce a Jesús como su pastor.

¿Qué me dice hoy la Eucaristía? ¿Me hace sentir parte del rebaño de Jesús y del pueblo de Dios?

1 Reyes 3:4–13
Salmo 119:9,10,11,12,13,14
Marcos 6:30–34

Al ver esto, Simón Pedro se arrojó a los pies de Jesús y le dijo: "¡Apártate de mí, Señor, porque soy un pecador!"
—LUCAS 5:8

Pedro es iluminado y descubre en Jesús al Señor de Señores. Dios está presente en él. Y a la vez, cae de rodillas en señal de adoración y reconociendo que es un pecador. La respuesta de Jesús no se hace esperar: "¡No temas; desde ahora serás pescador de hombres!".

El Señor sigue llamándonos. ¡No seamos sordos a su voz!

Señor, concédeme la fuerza para proclamar tu Evangelio allí donde se necesite.

Isaías 6:1–2a,3–8
Salmo 138:1–2,2–3,4–5,7–8 (1c)
1 Corintios 15:1–11 o 15:3–8,11
Lucas 5:1–11

8 DE FEBRERO

• SAN JERÓNIMO EMILIANO, PRESBÍTERO *SANTA JOSEFINA
BAKHITA, VIRGEN •

*A dondequiera que llegaba, en los poblados, ciudades y caseríos, la gente le
ponía a sus enfermos en la calle y le rogaba que por lo menos los dejara
tocar la punta de su manto; y cuantos lo tocaban, quedaban curados.*
—MARCOS 6:56

La prioridad de la Iglesia es dar atención a los enfermos,
a los pobres y a los inmigrantes. Como nos dice el papa
Francisco, hay que salir a donde existe la necesidad para
ayudar, servir y compartir lo que tenemos. ¡No basta con
ir a misa los domingos! Hay que trabajar con y por
nuestro prójimo.

¿De qué modo me involucro en esto?

1 Reyes 8:1–7,9–13
Salmo 132:6–7,8–10
Marcos 6:53–56

"Señor, Dios de Israel, no hay Dios como tú, ni arriba en los cielos, ni aquí abajo en la tierra. Tú eres fiel a la alianza que hiciste con tus siervos, y les muestras tu misericordia, cuando cumplen de todo corazón tu voluntad".
—1 REYES 8:23

Mañana iniciamos la Cuaresma, tiempo especial en el que la Iglesia nos prepara para que recordemos que le debemos todo a la bondad de Dios. Él nos ha amado eternamente; su fidelidad y alianza son para siempre.

Hagamos una oración de acción de gracias, recordando algunos momentos de la fidelidad de Dios en nuestra vida.

1 Reyes 8:22–23,27–30
Salmo 84:3,4,5 y 10,11
Marcos 7:1–13

10 DE FEBRERO

[Jesús dijo:] "Tú, en cambio, cuando vayas a orar, entra en tu cuarto, cierra la puerta y ora ante tu Padre, que está allí, en lo secreto; y tu Padre, que ve lo secreto, te recompensará".

—MATEO 6:6

Con el Miércoles de Ceniza comenzamos el tiempo más solemne del año litúrgico. La ceniza en nuestra frente nos recuerda que somos pecadores. El ayuno y la limosna nos invitan a solidarizarnos con los pobres. La oración en lo profundo del corazón nos acerca a Dios. La Cuaresma es ese tiempo que viene y va; es camino que debe ser recorrido.

¿Qué prácticas cuaresmales voy a realizar? ¿Cuánto tiempo dedicaré a la oración?

Joel 2:12–18
Salmo 51:3–4,5–6ab,12–13,14 y 17
2 Corintios 5:20—6:2
Mateo 6:1–6,16–18

[Jesús, dirigiéndose a la multitud, les dijo:] "Si alguno quiere acompañarme, que no se busque a sí mismo, que tome su cruz de cada día y me siga".
—LUCAS 9:23

Dios es puro amor, pero su amor está basado en la cruz. Para corresponder a ese amor crucificado debemos ser conscientes de que somos los pies, las manos y especialmente el corazón de Cristo. La Cuaresma es el camino de responsabilidad hacia la conversión. La conversión es Salvación y la Salvación es segura resurrección.

¿Estoy listo? No es solo tomar la ceniza. ¡Es tomar la cruz con alegría!

Deuteronomio 30:15–20
Salmo 1:1–2,3,4 y 6
Lucas 9:22–25

12 DE FEBRERO

"El ayuno que yo quiero de ti es este, dice el Señor:
Que rompas las cadenas injustas
y levantes los yugos opresores;
que liberes a los oprimidos
y rompas todos los yugos;
que compartas tu pan con el hambriento
y abras tu casa al pobre sin techo;
que vistas al desnudo
y no des la espalda a tu propio hermano".
—ISAÍAS 58:6–7

El ayuno que agrada a Dios es que dejemos el egoísmo en nuestra vida. Demos consuelo a los que sufren, alegría a los tristes y apoyo con nuestra voz y voto al inmigrante.

¡Señor, ayúdame a ser bueno!

Isaías 58:1–9a
Salmo 51:3–4,5–6ab,18–19
Mateo 9:14–15

13 DE FEBRERO

[Jesús dijo a Leví (Mateo):] "Sígueme". Él, dejándolo todo, se levantó y lo siguió.
—LUCAS 5:28

Todos tenemos necesidad de Jesús; todos somos pecadores, todos nos enfermamos, y todos tenemos que acudir al médico en algún momento de nuestra vida. Hoy es día de abandonar nuestros malos hábitos, de comenzar de nuevo con una vida más organizada. Abandonemos nuestras comodidades. Ya es tiempo de levantarse para acompañar al que es la vida.

¡En el banquete de la Eucaristía nos encontramos con Jesús!

Isaías 58:9b–14
Salmo 86:1–2,3–4,5–6
Lucas 5:27–32

En aquel tiempo, Jesús, lleno del Espíritu Santo, regresó del Jordán y conducido por el mismo Espíritu, se internó en el desierto, donde permaneció durante cuarenta días y fue tentado por el demonio.

—LUCAS 4:1–2

Reflexionemos por un momento acerca de las tentaciones de nuestra vida. Imaginemos que también somos tentados por cosas buenas. Hay varias tentaciones buenas que podemos practicar continuamente para lograr una mejor vida espiritual en esta Cuaresma: creer en Dios y ser menos escépticos, desapegarnos de los bienes materiales, luchar contra el mal, fijar nuestros ojos y ver a quién seguimos, ser menos chantajistas y controladores.

¡Todo esto lo podemos lograr apoyados en la fuerza de Jesucristo!

Deuteronomio 26:4–10
Salmo 91:1–2,10–11,12–13,14–15
Romanos 10:8–13
Lucas 4:1–13

[Dijo el Señor a Moisés:] "No odies a tu hermano ni en lo secreto de tu corazón. Trata de corregirlo, para que no cargues tú con su pecado. No te vengues ni guardes rencor a los hijos de tu pueblo. Ama a tu prójimo como a ti mismo. Yo soy el Señor".
—LEVÍTICO 19:17–18

Concédenos, Señor,
encontrar en esta semana
fuerza para trabajar
y para saber cumplir tu voluntad.
Por Jesucristo, nuestro Señor.
Amén.

Levítico 19:1–2,11–18
Salmo 19:8,9,10,15
Mateo 25:31–46

16 DE FEBRERO

[Dijo Jesús a sus discípulos:] "Si ustedes perdonan las faltas a los hombres, también a ustedes los perdonará el Padre celestial. Pero si ustedes no perdonan a los hombres, tampoco el padre les perdonará a ustedes sus faltas".

—MATEO 6:14–15

¿Qué áreas de mi vida necesitan recibir el perdón y ser renovadas en esta Cuaresma? ¿Cómo puedo hacer para que Jesús sea el centro de mi vida?

¡Imploro tu perdón, oh Dios!

Isaías 55:10–11
Salmo 34:4–5,6–7,16–17,18–19
Mateo 6:7–15

17 DE FEBRERO

• LOS SIETE FUNDADORES DE LA ORDEN DE LOS SIERVOS DE LA
VIRGEN MARÍA •

[Jesús dijo:] "La gente de este tiempo es una gente perversa. Pide una señal,
pero no se le dará más señal que la de Jonás".
—LUCAS 11:29

La sociedad actual puede ser tan perversa como lo era en
tiempos de Jesús. Recordemos que Jesús, en el fondo, busca
nuestro arrepentimiento como fuente de Salvación.

¿Cuáles son las señales que pido para creer en Jesús? ¿Cuál
es mi reacción cuando no recibo a tiempo esas señales?

Jonás 3:1–10
Salmo 51:3–4,12–13,18–19
Lucas 11:29–32

Jesús dijo a sus discípulos: "Pidan y se les dará; busquen y encontrarán; toquen y se les abrirá. Porque todo el que pide, recibe; el que busca, encuentra; y al que toca, se le abre".
—MATEO 7:7–9

Tres palabras claves para encontrar al Señor: pedir, buscar y tocar. Palabras de confianza y de acción al mismo tiempo.

Señor, que sea activo en el servicio y no me limite a tener los brazos cruzados. Que me atreva a arriesgarlo todo por aquel que nos ama tanto.

Ester C: 12,14–16,23–25
Salmo 138:1–2ab,2cde–3,7c–8
Mateo 7:7–12

19 DE FEBRERO

En aquel tiempo, Jesús dijo a sus discípulos: "Les aseguro que si su justicia
no es mayor que la de los escribas y fariseos, ciertamente no entrarán
ustedes en el Reino de los cielos".
—MATEO 5:20

Señor,
ayúdanos a fomentar la ética cristiana
para lograr el bien común
y oportunidades para todos.
Que trabajemos por un mundo más justo.
Que todos, hombres y mujeres,
demos vida al Evangelio,
siendo buenos administradores de los bienes
que tu misericordia nos ha encomendado.
Amén.

Ezequiel 18:21–28
Salmo 130:1–2,3–4,5–7a,7bc–8
Mateo 5:20–26

[Jesús dijo a sus discípulos:] "Sean, pues, perfectos como su Padre celestial es perfecto".
—MATEO 5:48

La perfección se alcanza caminando en nuestra vida de acuerdo a los mandatos del Señor. La perfección es otro modo de querer alcanzar la santidad. Valientes y decididos, aunque vivamos en constantes tensiones. Pero seguros de que Dios está a nuestro lado todos los días de la jornada.

¿Cómo anda mi compromiso bautismal? ¿Cómo anda mi camino de perfección?

Deuteronomio 26:16–19
Salmo 119:1–2,4–5,7–8
Mateo 5:43–48

De la nube salió una voz que decía: "Este es mi Hijo, mi escogido;
escúchenlo". Cuando cesó la voz, se quedó Jesús solo.
—LUCAS 9:35–36

Los discípulos tuvieron que ver a Dios en medio del camino
fatigoso al subir al monte para orar. Para nosotros, la fatiga
radica en la enfermedad, los sufrimientos y las injusticias
de la vida. Hoy somos invitados a bajar a la sociedad del
mundo para transfigurarla con la fuerza y el amor de Dios.
Recordemos que subimos y bajamos juntos en los caminos
de la vida, es decir en familia y comunidad, para poder vivir
al estilo de Jesús.

¡Ánimo! No estamos solos. ¡Acompañemos a Jesús hacia
la cruz!

Génesis 15:5–12,17–18
Salmo 27:1,7–8,8–9,13–14 (1a)
Filipenses 3:17—4:1 o 3:20—4:1
Lucas 9:28b–36

22 DE FEBRERO

• CÁTEDRA DE SAN PEDRO, APÓSTOL •

Apacienten el rebaño que Dios les ha confiado y cuiden de él no como obligados por la fuerza, sino de buena gana, como Dios quiere; no por ambición de dinero, sino con entrega generosa; no como si ustedes fueran los dueños de las comunidades que se les han confiado, sino dando buen ejemplo. Y cuando aparezca el Pastor supremo, recibirán el premio inmortal de la gloria.

—1 PEDRO 5:2–4

En este día ofrezcamos nuestros sacrificios y oraciones por los sacerdotes que nos han ayudado a encontrar a Dios en nuestra vida. Pidamos también por aquellos que no han sido buen ejemplo para nosotros. Y, claro, no olvidemos a los obispos de nuestra Iglesia local y al papa Francisco.

1 Pedro 5:1–4
Salmo 23:1–3a,4,5,6
Mateo 16:13–19

[Dijo Isaías:] "Lávense y purifíquense;
aparten de mi vista sus malas acciones.
Dejen de hacer el mal, aprendan a hacer el bien,
busquen la justicia, auxilien al oprimido,
defiendan los derechos del huérfano
y la causa de la viuda".
—ISAÍAS 1:16–17

¡Qué bueno sería estar en tiempos del profeta Isaías y escuchar sus palabras de viva voz! Meditemos hoy en su mensaje y en toda la extensión de su significado. Tengamos siempre presente este elocuente dicho: "Hacer el bien sin mirar a quien".

Isaías 1:10,16–20
Salmo 50:8–9,16bc–17,21 y 23
Mateo 23:1–12

[Jesús dijo:] "Ya vamos camino a Jerusalén, y el Hijo del hombre va a ser entregado a los sumos sacerdotes y a los escribas, que lo condenarán a muerte y lo entregarán a los paganos para que se burlen de él, lo azoten y lo crucifiquen; pero al tercer día, resucitará".

—MATEO 20:18–19

Jesús sigue su camino a Jerusalén y anuncia su Pasión y Resurrección por tercera vez. Sin embargo, sus discípulos siguen sin comprender nada por el momento. Es hasta después a la luz de la Resurrección que comprenderán todo. Por eso, de nuevo, Jesús les explica en qué consiste el Reino que predica.

¡Señor, abre mis ojos para ver tu Reino a mi alrededor!

Jeremías 18:18–20
Salmo 31:5–6,14,15–16
Mateo 20:17–28

25 DE FEBRERO

Yo, el Señor, sondeo la mente
y penetro el corazón,
para dar a cada uno según sus acciones,
según el fruto de sus obras.
—JEREMÍAS 17:10

En el plano terrenal podemos esconder y aparentar muchas cosas. Podemos mentir y engañarnos unos a otros. Hasta hay un refrán que dice: "Ojos que no ven, corazón que no siente". Pero al Señor Dios no podemos engañarlo, ya que él nos conoce hasta lo más profundo. Y según nuestro comportamiento será el fruto de nuestras obras.

¿Cómo me puedo acercar aún más a Dios esta Cuaresma? ¿Cómo puedo abrirme más a su amor? Quizá con ayuno y con limosna, pero sin olvidar el gran poder de la oración.

Jeremías 17:5–10
Salmo 1:1–2,3,4 y 6
Lucas 16:19–31

Sacaron a José del pozo y se lo vendieron a los mercaderes por veinticinco
monedas de plata. Los mercaderes se llevaron a José a Egipto.
—GÉNESIS 37:28

La historia de José y sus hermanos se repite a menudo en nuestras familias. Los celos, la envidia y el rechazo son una constante en la vida familiar. La división desgarra y desintegra a las familias. Debemos luchar incansablemente para obtener la unidad familiar, que es clave para una vida feliz.

Esta Cuaresma Jesús nos saca de nuestros pozos de rencillas familiares. ¡Él es la piedra angular!

Génesis 37:3–4,12–13a,17b–28a
Salmo 105:16–17,18–19,20–21
Mateo 21:33–43,45–46

Sábado

27 DE FEBRERO

El Padre repuso: "Hijo, tú siempre estás conmigo, y todo lo mío es tuyo. Pero era necesario hacer fiesta y regocijarnos, porque este hermano tuyo estaba muerto y ha vuelto a la vida, estaba perdido y lo hemos encontrado".

—LUCAS 15:31–32

El tiempo de Cuaresma es un tiempo de conversión y reconciliación, vertical hacia Dios y horizontal hacia nuestro prójimo. El proceso de reconocer nuestros pecados es difícil, y más difícil aún es pedir perdón y perdonar. Pero no tenemos por qué temer, ya que Dios es inmensamente misericordioso.

Miqueas 7:14–15,18–20
Salmo 103:1–2,3–4,9–10,11–12
Lucas 15:1–3,11–32

[Jesús les dijo esta parábola:] "Un hombre tenía una higuera plantada en su viñedo; fue a buscar higos y no los encontró. Dijo entonces al viñador: 'Mira, durante tres años seguidos he venido a buscar higos en esta higuera y no los he encontrado. Córtala. ¿Para qué ocupa la tierra inútilmente?' El viñador le contestó: 'Señor, déjala todavía este año; voy a aflojar la tierra alrededor y a echarle abono, para ver si da fruto. Si no, el año que viene la cortaré'".

—LUCAS 13:6–9

Estamos a mitad de camino en la Cuaresma, tres domingos donde Jesús nos ofrece una mejor forma de vivir. Es posible que este año sea el año en el que el Señor pida frutos de mi higuera. ¿Qué tal está la tierra? ¿Habrá suficientes higos maduros para que el viñador los recoja? ¡La paciencia de Dios es infinita! Gracias, Señor.

Éxodo 3:1–8a,13–15
Salmo 103:1–2,3–4,6–7,8,11 (8a)
1 Corintios 10:1–6,10–12
Lucas 13:1–9

29 DE FEBRERO

En aquel tiempo, Jesús llegó a Nazaret, entró a la sinagoga y dijo al pueblo: "Yo les aseguro que nadie es profeta en su tierra".
—LUCAS 4:24

Duele saber esta realidad que Jesús experimentó con los de su pueblo en su vida histórica. Pero ahora la pregunta es para nosotros: ¿Qué pretexto pondremos para no creer en Jesús? ¿Qué nos hace rechazarlo o ignorar su mensaje esta Cuaresma? Un buen cristiano nunca puede ignorar a Jesús, sino por el contrario, escucha su voz en cada circunstancia de su vida.

2 Reyes 5:1–15ab
Salmo 42:2,3;43:3,4
Lucas 4:24–30

[Jesús les dijo:] "Pues lo mismo hará mi Padre celestial con ustedes, si cada cual no perdona de corazón a su hermano".
—MATEO 18:35

Que tu gracia, Señor, nos acompañe,
para que nos impulse a perdonar de corazón
a nuestros hermanos y hermanas.
Y nos alcance tu perdón y ayuda.
Por Jesucristo, nuestro Señor.
Amén.

Daniel 3:25,34–43
Salmo 25:4–5ab, 6 y 7bc,8–9
Mateo 18:21–35

2 DE MARZO

En aquel tiempo, Jesús dijo a sus discípulos: "No crean que he venido a abolir la ley o los profetas; no he venido a abolirlos, sino a darles plenitud".
—MATEO 5:17

Jesús señala tres importantes aspectos sobre los mandamientos que debemos tener en cuenta. Primero, escucharlos, aprenderlos y entender su significado. Segundo, no limitarnos a memorizarlos, sino ponerlos en práctica. Tercero, enseñarlos a los demás con el ejemplo de nuestra vida cristiana.

Deuteronomio 4:1,5–9
Salmo 147:12–13,15–16,19–20
Mateo 5:17–19

Jueves

3 DE MARZO

• SANTA CATALINA DREXEL, VIRGEN •

[Jesús dijo a la multitud:] "El que no está conmigo, está contra mí; y el que no recoge conmigo, desparrama".
—LUCAS 11:23

Que la gracia de tu Salvación,
que esperamos ansiosos esta Cuaresma,
transforme, Señor, nuestra vida.
Por Jesucristo, nuestro Señor.
Amén.

Jeremías 7:23–28
Salmo 95:1–2,6–7,8–9
Lucas 11:14–23

4 DE MARZO

• SAN CASIMIRO •

En aquel tiempo, uno de los escribas se acercó a Jesús y le preguntó: "¿Cuál es el primero de todos los mandamientos?" Jesús respondió: "El primero es: 'Escucha, Israel: El Señor, nuestro Dios, es el único Señor; amarás al Señor, tu Dios, con todo el corazón, con toda tu alma, con toda tu mente y con todas tus fuerzas'. El segundo es este: 'Amarás a tu prójimo como a ti mismo'. No hay ningún mandamiento mayor que estos".
—MARCOS 12:28–31

Conforme vayamos dedicando nuestra vida a amar a los que nos rodean, iremos simultáneamente cumpliendo el gran mandamiento del amor. Ojalá, que como al escriba, Jesús nos diga: "No estás lejos del Reino de Dios".

Oseas 14:2–10
Salmo 81:6c–8a,8bc–9,10–11ab,14 y 17
Marcos 12:28–34

≥ 97 ≤

Lo único que hacía [el publicano] era golpearse el pecho, diciendo: "Dios mío, apiádate de mí, que soy un pecador".
—LUCAS 18:13

Para ser mejores cristianos, es necesario partir de nuestras limitaciones, de lo que no hacemos bien, de lo que nos cuesta trabajo cambiar.

Preguntémonos: ¿En qué le fallo a Dios? ¿En qué me fallo a mí mismo? Es ahí, en ese lugar en el que fallamos, donde necesitamos la piedad de Dios.

Oseas 6:1–6
Salmo 51:3–4,18–19,20–21ab
Lucas 18:9–14

Domingo

6 DE MARZO

• IV DOMINGO DE CUARESMA •

El Padre repuso: "Hijo, tú siempre estás conmigo y todo lo mío es tuyo.
Pero era necesario hacer una fiesta y regocijarnos, porque este hermano
tuyo estaba muerto y ha vuelto a la vida, estaba perdido y lo hemos
encontrado".
—LUCAS 15:31–32

El Evangelio de este domingo nos pone en la disyuntiva de escoger a cuál de los hijos nos parecemos: al menor o al mayor. Quizá tenemos un poco de los dos. Por lo tanto, todos necesitamos del perdón misericordioso del Padre.

Señor, ayúdame a no juzgar las acciones de mis hermanos y hermanas.

Josué 5:9a,10–12
Salmo 34:2–3,4–5,6–7 (9a)
2 Corintios 5:17–21
Lucas 15:1–3,11–32

≥ 99 ≤

7 DE MARZO

• SANTA PERPETUA Y SANTA FELICITAS, MÁRTIRES •

Esto dice el Señor:
"Voy a crear un cielo nuevo y una tierra nueva;
ya no recordaré lo pasado,
y olvidaré de corazón".
—ISAÍAS 65:17–18

Perpetua se estaba instruyendo en la doctrina católica cuando la arrestaron. Tenía 22 años y un hijito. Felicitas estaba embarazada y dio a luz a una niñita en la cárcel. Ambas conservaron una fortaleza santa ante el encierro y el martirio. El 7 de marzo del año 303 fueron conducidas al teatro de Cartago y juntas, tomadas de la mano, fueron destrozadas por un toro salvaje.

Señor, siguiendo el ejemplo de estas santas,
concédenos la gracia de amarte más cada día.
Amén.

Isaías 65:17–21
Salmo 30:2 y 4,5–6,11–12a y 13b
Juan 4:43–54

Martes

8 DE MARZO

• SAN JUAN DE DIOS, RELIGIOSO •

[Jesús le dijo:] "Levántate, toma tu camilla y anda". Al momento el hombre quedó curado, tomó su camilla y se puso a andar.
—JUAN 5:8–9

Imaginemos la alegría de aquel enfermo al poder caminar y reintegrarse a la sociedad. ¡Qué maravilla haber sido sorprendido con la gracia del Señor! ¿Qué esperaba Jesús de este enfermo? ¿Por qué se detendría a conversar con él?

Al igual que sanaste al enfermo, me ofreces también la sanación a mí. Dame fuerzas para caminar por los senderos que me has trazado con fe y esperanza. Y permite, Señor, que nunca olvide darte gracias por todo lo que me has concedido.

Ezequiel 47:1–9,12
Salmo 46:2–3,5–6,8–9
Juan 5:1–16

Esto dice el Señor:
"En el tiempo de la misericordia te escuché,
en el día de la salvación te auxilié.
Yo te formé y te he destinado para que seas alianza del pueblo:
para restaurar la tierra,
para volver a ocupar los hogares destruidos,
para decir a los prisioneros: 'Salgan',
y a los que están en tinieblas: 'Vengan a la luz'".
—ISAÍAS 49:8–9

Que esta Cuaresma siga siendo para cada uno de nosotros tiempo de acercarnos más al Señor.

Isaías 49:8–15
Salmo 145:8–9,13cd–14,17–18
Juan 5:17–30

[Jesús dijo:] "El Padre, que me envió, ha dado testimonio de mí. Ustedes nunca han escuchado su voz ni han visto su rostro, y su palabra no habita en ustedes, porque no le creen al que él ha enviado".

—JUAN 5:37–38

En nuestra oración de hoy enfoquémonos en las siguientes palabras: *Escuchar, rostro de Jesús, palabra* y *enviado*.

¿Escucho la palabra de Jesús? ¿Reconozco su rostro y lo distingo como el enviado de Dios?

Éxodo 32:7–14
Salmo 106:19–20,21–22,23
Juan 5:31–47

11 DE MARZO

Jesús, por su parte, mientras enseñaba en el templo, exclamó: "Con que me conocen a mí y saben de dónde vengo [. . .] Pues bien, yo no vengo por mi cuenta, sino enviado por el que es veraz; y a él ustedes no lo conocen".
—JUAN 7:28

Jesús, en su tiempo, sufrió ataques y grandes injusticias. Por eso podemos refugiarnos en él, con la certeza de que nos comprende al ciento por ciento.

¿Me he sentido atacado injustamente alguna vez? ¿Me han reprochado el bien que hago?

Sabiduría 2:1a,12–22
Salmo 34:17–18,19–20,21 y 23
Juan 7:1–2,10,25–30

Así surgió entre la gente una división por causa de Jesús. Algunos querían apoderarse de él, pero nadie le puso la mano encima.
—JUAN 7:43–44

Imaginemos qué sentirían los guardias que fueron a arrestar a Jesús. ¿Qué sería lo que escucharon que regresaron maravillados de la forma de hablar de ese hombre?

¿Qué escucho yo en esta Cuaresma? Señor, que no me deje embaucar con tonterías, sino que confíe en tu amor plenamente.

Jeremías 11:18–20
Salmo 7:2–3,9bc–10,11–12
Juan 7:40–53

[Entonces Jesús se enderezó y le preguntó:] "Mujer, ¿dónde están los que te acusaban? ¿Nadie te ha condenado?" Ella le contestó: "Nadie, Señor". "Tampoco yo te condeno. Vete y ya no vuelvas a pecar".
—JUAN 8:10–11

Señor, recibe nuestra oración en este Quinto Domingo de Cuaresma. Ya se está acercando la primavera de Dios. Ya está aquí la gracia de la Resurrección. Nadie queda fuera de su perdón. Abramos nuestros oídos para escuchar sus palabras: "Tampoco yo te condeno". Pero sin olvidar que el compromiso es no volver a pecar.

¿A quién debo perdonar esta Cuaresma? ¿A quién le debo un abrazo de reconciliación?

Isaías 43:16–21
Salmo 126:1–2, 2–3,4–5,6 (3)
Filipenses 3:8–14
Juan 8:1–11

14 DE MARZO

En aquel tiempo Jesús dijo a los fariseos: "Yo soy la luz del mundo; el que me sigue no caminará en la oscuridad y tendrá la luz de la vida".
—JUAN 8:12

Jesús revela su identidad. Es la Luz, y su misión es que nosotros seamos parte de esa luz. Si vivimos en la luz, la misma luz llenará todos los rincones de nuestro corazón. Las tinieblas nos apartan de lo bueno, de lo justo y de lo honesto.

Daniel 13:1–9,15–17,19–30,33–62 o 13:41c–62
Salmo 23:1–3a,3b–4,5,6
Juan 8:12–20

[Jesús prosiguió:] "Cuando hayan levantado al Hijo del hombre, entonces conocerán que Yo Soy y que no hago nada por mi cuenta; lo que el padre me enseñó, eso digo. El que me envió está conmigo y no me ha dejado solo, porque yo hago siempre lo que a él le agrada".
—JUAN 8:28–29

Jesús encontró muchos niveles de incomprensión en su vida terrena, pero sobretodo por parte de las autoridades judías, que enfrascadas en sus propias ideas e incapaces de cambiar su forma de pensar, no vieron en Jesús al mesías.

Señor, enséñame a agradarte y a descubrirte en cada uno de mis hermanos y hermanas. ¡Que el sacrificio de la cruz no sea en vano en mi vida!

Números 21:4–9
Salmo 102:2–3,16–18,19–21
Juan 8:21–30

16 DE MARZO

[Jesús dijo:] "Si se mantienen fieles a mi palabra, serán verdaderos discípulos míos, conocerán la verdad y la verdad los hará libres".
—JUAN 8:31–32

Jesús ha dado abiertamente su mensaje. Solo nos pide una cosa para ser sus discípulos: fidelidad a su Palabra y a su mensaje. Seamos discípulos de compromiso, no de pantomima. Reflexionemos en las siguientes palabras: fidelidad, libertad y verdad.

¿Qué significan en mi vida estas palabras?

Daniel 3:14–20,91–92,95
Daniel 3
Juan 8:31–42

17 DE MARZO

• SAN PATRICIO, OBISPO •

[Jesús dijo a los judíos:] "Yo les aseguro: el que es fiel a mis palabras no morirá para siempre".
—JUAN 8:51

San Patricio, obispo de Irlanda y evangelizador de su pueblo, fue un fiel servidor de su grey bautizando y proclamando las maravillas de Dios por medio de la Palabra y de su propio testimonio.

¡San Patricio, ruega por nosotros!

Génesis 17:3–9
Salmo 105:4–5,6–7,8–9
Juan 8:51–59

Canten y alaben al Señor,
porque él ha salvado la vida de su pobre
de la mano de los malvados.
—JEREMÍAS 20:13

Señor, concédenos por la intercesión de san Cirilo,
obispo de Jerusalén, llegar a conocer a tu Hijo,
de tal modo que podamos participar
en esta Semana Santa que se avecina
con mayor gozo y abundancia de su vida divina.
Amén.

Jeremías 20:10–13
Salmo 18:2–3a,3bc–4,5–6,7
Juan 10:31–42

[El ángel dijo a José:] "José, hijo de David, no dudes en recibir en tu casa a María, tu esposa, porque ella ha concebido por obra del Espíritu Santo. Dará a luz un hijo y tú le pondrás el nombre de Jesús, porque él salvará a su pueblo de sus pecados".
—MATEO 1:20—21

Patriarca Señor San José,
cuando mi muerte llegare,
tu patrocinio me ampare.
El de Jesús y María.
¿Quién murió por mí en la cruz? Jesús.
¿Quién es la esperanza mía? María.
¿A quién por patrón tendré? A José.
Muy confiado estaré teniendo
los dulces nombres de Jesús, María y José.
Amén.

2 Samuel 7:4—5a,12—14a,16
Salmo 89:2—3,4—5,27 y 29
Romanos 4:13,16—18,22
Mateo 1:16,18—21,24a o Lucas 2:41—51a

"'¡Bendito el rey
que viene en el nombre del Señor'!
¡Paz en el cielo
y gloria en las alturas!"
—LUCAS 19:38

Llegamos a Jerusalén con el Señor. Ya la cruz nos espera; ya hemos gastado la vida por los demás durante la Cuaresma. Ahora podemos decir: Benditos todos los que han sufrido persecución y hasta la muerte por defender la vida. Benditos los que luchan por derribar las fronteras y las vallas que separan, discriminan e impiden a las personas vivir con sus familias. Benditos todos los que luchan por un sistema de educación al alcance de todos los niños del mundo. ¡Aquí estamos, Señor, contigo!

Lucas 19:28–40
Isaías 50:4–7
Salmo 22:8–9,17–18,19–20,23–24 (2a)
Filipenses 2:6–11
Lucas 22:14—23:56 o 23:1–49

"Yo, el Señor, fiel a mi designio de salvación,
te llamé, te tomé de la mano;
te he formado y te he constituido alianza de un pueblo,
luz de las naciones,
para que abras los ojos a los ciegos,
saques a los cautivos de la prisión
y de la mazmorra a los que habitan en las tinieblas".
—ISAÍAS 42:6–7

Esta semana nos centraremos en los sufrimientos de Jesús. Con el primer cántico del Siervo, Isaías nos ayuda a comprender cómo Dios pretende restablecer la justicia y el derecho a las naciones. Claro está que no es por medio de la violencia sino por medio de dar su luz a un mundo que habita en las tinieblas.

¿Estoy preparado para acompañar a Jesús en sus sufrimientos en esta Semana Santa?

Isaías 42:1–7
Salmo 27:1,2,3,13–14
Juan 12:1–11

[Jesús le contestó a Pedro:] "¿Conque darás tu vida por mí? Yo te aseguro que cantará el gallo, antes de que me hayas negado tres veces".
—JUAN 13:38

El momento de la prueba pronto llegará para Pedro. Y llorará amargamente por haber negado y traicionado a Jesús.

> Dios todopoderoso y eterno, concédenos
> participar fervorosamente en las celebraciones
> de la Pasión del Señor, para alcanzar tu perdón.
> Amén.

Isaías 49:1–6
Salmo 71:1–2,3–4a,5ab–6ab,15 y 17
Juan 13:21–33,36–38

[Jesús dijo:] "Mi hora está ya cerca. Voy a celebrar la Pascua con mis discípulos en tu casa".
—MATEO 26:18

En plena celebración de Semana Santa la pregunta sigue vigente para los discípulos: ¿Quién es el que va a traicionar y entregar a Jesús? Asustados y sorprendidos, comentaban entre ellos.

Y nosotros, ¿de qué manera traicionamos a Jesús en estos tiempos? Cuando damos la espalda a quien necesita que le tendamos la mano. Cuando despreciamos a los que son menos afortunados que nosotros. ¡Señor, ten piedad de nosotros!

Isaías 50:4–9a
Salmo 69:8–10,21–22,31 y 33–34
Mateo 26:14–25

24 DE MARZO

• JUEVES SANTO–TRIDUO PASCUAL •

[Jesús dijo:] "¿Comprenden lo que acabo de hacer con ustedes? Ustedes me llaman Maestro y Señor, y dicen bien, porque lo soy. Pues si yo, que soy el Maestro y el Señor, les he lavado los pies, también ustedes deben lavarse los pies los unos a los otros".

—JUAN 13:14

El Triduo Pascual es el punto culminante del Año Litúrgico. Hoy damos comienzo a este tiempo con la misa del lavatorio de los pies. Jesús nos da el mandamiento del amor y nos impulsa a servir en caridad.

¿Comprendo lo que Jesús hizo por mí?

MISA DEL SANTO CRISMA
Isaías 61:1–3a,6a,8b–9
Salmo 89:21–22,25 y 27
Apocalipsis 1:5–8
Lucas 4:16–21

MISA VESPERTINA DE LA
CENA DEL SEÑOR
Éxodo 12:1–8,11–14
Salmo 116:12–13,15–16bc,17–18
1 Corintios 11:23–26
Juan 13:1–15

[Jesús dijo:] "Todo se ha cumplido", e inclinando la cabeza, entregó el espíritu.
—JUAN 19:30

La cruz de Jesucristo está presente hoy en muchas otras cruces. Está presente en millones de personas crucificadas a causa de la injusticia. Está presente en los inmigrantes sin estatus migratorio legal que sufren de la soledad y el desarraigo familiar. Está presente en el hambre y la pobreza en muchos países del mundo, en el tráfico humano de niños y jóvenes, en la violencia prevalente en nuestra sociedad.

Te damos las gracias por morir por nosotros en la cruz y por hacer que tu sacrificio esté presente en la Eucaristía.

Isaías 52:13—53:12
Salmo 31:2,6,12–13,15–16,17,25
Hebreos 4:14–16,5:7–9
Juan 18:1—19:42

26 DE ✴ MARZO

Como ellas [las mujeres:] se llenaron de miedo e inclinaron el rostro en tierra, los varones les dijeron: "¿Por qué buscan entre los muertos al que está vivo? No está aquí; ha resucitado".
—LUCAS 24:5–6

Pregunta contundente que hacen los varones a las mujeres. La respuesta es certera: "¡No está aquí; ha resucitado!".

Padre Celestial y Dios de bondad, creo que Jesús ha resucitado y vive y se ha convertido en Dios de vida. ¡Feliz Pascua de Resurrección! ¡Aleluya!

VIGILIA PASCUAL
Génesis 1:1—2:2 o 1:1,26–31a
Salmo 104:1–2,5–6,10,12,13–14,24,35 (30) o
33:4–5,6–7,12–13,20–22 (5b)
Génesis 22:1–18 o 22:1–2,9a,10–13,15–18
Salmo 16:5,8,9–10,11 (11)
Éxodo 14:15—15:1
Éxodo 15:1–2,3–4,5–6,17–18 (1b)
Isaías 54:5–14
Salmo 30:2,4,5–6,11–12,13 (2a)
Isaías 55:1–11

Isaías 12:2–3,4,5–6 (3)
Baruc 3:9–15,32—4:4
Salmo 19:8,9,10,11
Ezequiel 36:16–17a,18–28
Salmo 42:3,5;43:3,4 (42:2) o Isaías
12:2–3,4bcd,5–6 (3) o Salmo
51:12–13,14–15,18–19 (12a)
Romanos 6:3–11
Salmo 118:1–2,16–17,22–23
Lucas 24:1–12

Entonces entró también el otro discípulo, el que había llegado primero al sepulcro, y vio y creyó, porque hasta entonces no habían entendido las Escrituras, según las cuales Jesús debía resucitar de entre los muertos.
—JUAN 20:8–9

¡Aleluya! Regocijados con la alegría de la Pascua,
te ofrecemos Señor esta Eucaristía,
mediante la cual tu Iglesia se renueva y alimenta
de un modo admirable. ¡Aleluya! ¡Aleluya!

¡Bienvenidos a la Iglesia a todos los recién bautizados!

Hechos 10:34a,37–43
Salmo 118:1–2,16–17,22–23 (24)
Colosenses 3:1–4 o 1 Corintios 5:6b–8
Juan 20:1–9 o Lucas 24:1–12 o
para la misa vespertina Lucas 24:13–35

[Jesús dijo:] "No tengan miedo. Vayan a decir a mis hermanos que se dirijan a Galilea. Allá me verán".
—MATEO 28:10

¡Qué inmensa alegría para las mujeres! Tenían miedo, sí, pero a la vez estaban llenas de gozo porque se había cumplido lo que su Señor les había dicho. Los soldados, en cambio, recibieron órdenes de no decir lo que pasó. La Resurrección de Jesús es así: unos tienen fe en ella y otros no.

¿Qué pienso yo de la Resurrección? ¿Dónde he visto al Señor resucitado? ¿Callaré como los soldados, o lo anunciaré como las mujeres? Permíteme, Señor, ser heraldo de la buena noticia. ¡Aleluya! ¡Aleluya!

Hechos 2:14,22–33
Salmo 16:1–2a y 5,7–8,9–10,11
Mateo 28:8–15

Martes

29 DE MARZO

• OCTAVA DE PASCUA •

[Jesús le dijo:] "Mujer, ¿por qué estás llorando? ¿A quién buscas?" Ella,
creyendo que era el jardinero, le respondió: "Señor, si tú te lo llevaste, dime
donde lo has puesto". Jesús le dijo: "¡María!" Ella se volvió y exclamó:
"¡Rabuní!", que en hebreo significa "maestro".
—JUAN 20:15–16

María no reconoce a Jesús sino hasta que él la llama por su
nombre. ¿Qué le impedía reconocer a Jesús? El miedo, la
incertidumbre de pensar que habían robado el cuerpo del
Señor y quizá también la impotencia de no saber qué hacer.
Sin embargo, no se desanimó. Siguió buscando, siguió
esperando, hasta que encontró la dirección correcta y vio al
Señor resucitado. Y por esa razón, ella es llamada el primer
apóstol del Señor. ¡Aleluya! ¡Aleluya!

Hechos 2:36–41
Salmo 33:4–5,18–19,20 y 22
Juan 20:11–18

Entonces se les abrieron los ojos y lo reconocieron, pero él se les desapareció.
Y ellos se decían el uno al otro: "¡Con razón nuestro corazón ardía,
mientras nos hablaba por el camino y nos explicaba las Escrituras!"
—LUCAS 24:31–32

Imaginemos que también nosotros estamos recorriendo el camino a Emaús. ¿Cuáles son nuestros sentimientos? ¿Qué pensamos de la Semana Santa que acabamos de celebrar? ¿Cuáles son nuestras metas? ¿En qué momento el Señor se unió en nuestro camino? Por último, ¿hemos visto al Señor? ¡Aleluya! ¡Aleluya!

Hechos 3:1–10
Salmo 105:1–2,3–4,6–7,8–9
Lucas 24:13–35

Jueves

31 DE MARZO

• OCTAVA DE PASCUA •

Pero como ellos no acababan de creer de pura alegría y seguían atónitos,
les dijo: "¿Tienen aquí algo de comer?" Le ofrecieron un trozo de pescado
asado; él lo tomó y se puso a comer delante de ellos.

—LUCAS 24:41–43

Señor Jesús, ilumina mi corazón
para creer en tu Resurrección.
Guíame por el camino de la
santidad, para que pueda ver
la importancia de vivir y luchar
por la paz, que tanto necesitamos.
Por Jesucristo, nuestro Señor resucitado.
¡Aleluya! ¡Aleluya!

Hechos 3:11–26
Salmo 8:2ab y 5,6–7,8–9
Lucas 24:35–48

Viernes

1 DE ABRIL

• OCTAVA DE PASCUA •

[Jesús les dijo:] "Echen la red a la derecha de la barca y encontrarán
peces". Así lo hicieron, y luego ya no podían jalar la red por
tantos pescados.
—JUAN 21:6

Tres elementos surgen en este pasaje del Evangelio. Primero, los apóstoles se reincorporan al trabajo ordinario que hacían antes de conocer a Jesús. Segundo, los apóstoles reconocen la pesca milagrosa. Jesús les había dicho al principio de su misión: "Síganme y los convertiré en pescadores de hombres". Tercero, los discípulos tendrán que reconocer a Jesús resucitado. El encuentro se da al amanecer.

¿Qué nos dice este encuentro de Jesús con sus discípulos? Lo importante es darse cuenta de que Jesús nos impulsa a no tener miedo para llevar a cabo su discipulado y misión. ¡Aleluya! ¡Aleluya!

Hechos 4:1–12
Salmo 118:1–2 y 4,22–24,25–27a
Juan 21:1–14

Sábado

2 DE ABRIL

• OCTAVA DE PASCUA •

Jesús les dijo entonces: "Vayan por todo el mundo y prediquen el Evangelio a toda criatura".
—MARCOS 16:15

Todos los bautizados tenemos el compromiso de llevar la Buena Nueva a toda la creación. Debemos ser testigos de la Resurrección como las primeras comunidades cristianas. ¿Qué responderemos ante esta realidad? Los obispos en el "Documento de Aparecida" y el papa Francisco en el *Evangelli gaudium*, nos invitan a llevar a cabo una tarea muy importante: convertirnos en discípulos misioneros de Jesucristo, allí donde nos encontremos. En nuestra familia, en nuestra comunidad y en el mundo. ¡Aleluya! ¡Aleluya!

Hechos 4:13–21
Salmo 118:1 y 14–15ab,16–18,19–21
Marcos 16:9–15

Domingo

3 DE ABRIL

• II DOMINGO DE PASCUA (O DOMINGO DE LA DIVINA MISERICORDIA) •

"Aquí están mis manos; acerca tu dedo. Trae acá tu mano, métela en mi costado y no sigas dudando, sino cree". Tomás respondió: "¡Señor mío y Dios mío!" Jesús añadió: "Tú crees porque me has visto; dichosos los que creen sin haber visto".
—JUAN 20:27–20

En la sociedad actual a muchas personas les resulta difícil creer en la Resurrección de Jesús, porque como el apóstol Tomás, desean tocar, ver, meter la mano en las heridas del Señor. Jesús trata de enseñarnos este domingo que la Pascua se vive en comunidad. Podemos vivir los misterios de Cristo a solas con nuestras devociones. Pero la Pascua no, porque solo en comunidad brotarán ríos de agua viva del costado de Cristo.

Señor, concédeme el don de la fe, para poder ver, palpar y tocar tu misericordia.

Hechos 5:12–16
Salmo 118:2–4,13–15,22–24 (1)
Apocalipsis 1:9–11a,12–13,17–19
Juan 20:19–31

María contestó: "Yo soy la esclava del Señor; cúmplase en mí lo que me has dicho". Y el ángel se retiró de su presencia.
—LUCAS 1:38

Nueve meses antes de la Navidad celebramos la encarnación del Hijo de Dios, que san Lucas describe en el anuncio del ángel a la santísima Virgen. Toda la liturgia del día de hoy esta coloreada por las palabras del salmista, que la carta a los hebreos pone en labios de Cristo al llegar al mundo: "Aquí estoy, Dios mío: vengo para cumplir tu voluntad".

La solemnidad de la Anunciación del Señor normalmente se celebra el 25 de marzo, pero como este día fue el Viernes Santo, la celebramos hoy.

Isaías 7:10–14;8:10
Salmo 40:7–8a,8b–9,10,11
Hebreos 10:4–10
Lucas 1:26–38

Martes

5 DE ABRIL

• SAN VICENTE FERRER, PRESBÍTERO •

La multitud de los que habían creído tenía un solo corazón y una sola alma; todo lo poseían en común y nadie consideraba suyo nada de lo que tenía.
—HECHOS 4:32

La Pascua es la gran oportunidad que tenemos todos los bautizados de hacer nuevas todas las cosas. Nuestra fe debe reflejarse en la forma de relacionarnos con los demás, especialmente con los más vulnerables. Fe comunitaria, fe de amor de unos para otros, fe compartida todos por igual. ¡Un solo corazón como la primera comunidad! ¡Aleluya!

Hechos 4:32–37
Salmo 93:1ab,1cd–2,5
Juan 3:7b–15

6 DE ABRIL

*Tanto amó Dios al mundo, que le entregó a su Hijo único, para que todo el
que crea en él no perezca, sino que tenga la vida eterna.*
—JUAN 3:16

Gracias, Dios nuestro, por tanto amor para nosotros.
Con la Pascua de tu Hijo has devuelto
la dignidad perdida a la humanidad.
Le has dado también la esperanza de la Resurrección.
Concédenos ser agradecidos siempre.
Por nuestro Señor Jesucristo.
Amén.

Hechos 5:17–26
Salmo 34:2–3,4–5,6–7,8–9
Juan 3:16–21

Jueves

7 DE ABRIL

• SAN JUAN BAUTISTA DE LA SALLE, PRESBÍTERO •

*El que viene del cielo está por encima de todos. . . Da testimonio de lo que
ha visto y oído, pero nadie acepta su testimonio. El que acepta su testimonio
certifica que Dios es veraz.*
—JUAN 3:31–32

Fuerte afirmación del amor del Padre a su Hijo. La Pascua
significa aceptar a Jesús en nuestra vida y dar testimonio
de él.

Señor Jesús, purifica mi corazón y mis acciones para que
pueda ser testigo fiel y agradable a tus ojos.

Hechos 5:27–33
Salmo 34:2 y 9,17–18,19–20
Juan 3:31–36

Se retiraron [los apóstoles:] del sanedrín, felices de haber padecido aquellos ultrajes por el nombre de Jesús. Y todos los días enseñaban sin cesar y anunciaban el Evangelio de Cristo Jesús, tanto en el templo como en las casas.
—HECHOS 5:41–42

¿He sufrido algún ultraje o sufrimiento a causa de Cristo Jesús? ¿Cuáles fueron mis sentimientos?

Permite, Señor, que lleve ese sufrimiento a mi oración personal. Y permite también que nunca deje de darle gracias a Dios por esto y todo lo demás.

Hechos 5:34–42
Salmo 27:1,4,13–14
Juan 6:1–15

[Jesús les dijo:] "Soy yo, no tengan miedo".
—JUAN 6:20

Hay que recoger a Jesús y subirlo a la barca de nuestra vida dondequiera que se encuentre. Solo en su compañía lograremos vencer los temores y miedos que nos impiden reconocerlo. Notemos cómo los discípulos estaban temerosos, y al encontrarlo, recuperaron la calma en sus corazones.

Señor Jesús, ayúdame en mis temores.
Que esté atento a tu voz,
que me dice suavemente
en la intimidad de mi oración:
"Soy yo, no tengas miedo".
Amén.

Hechos 6:1–7
Salmo 33:1–2,4–5,18–19
Juan 6:16–21

Domingo

10 DE ABRIL

• III DOMINGO DE PASCUA •

"Es el Señor".
—JUAN 21:7

Pedro, al darse cuenta de que era el Señor, se anudó la túnica a la cintura y se lanzó al agua. Ojalá que nosotros también corramos el riesgo y respondamos con prontitud a su llamado. Jesús quiere estar seguro de que lo amamos. Y hoy nos hace la misma pregunta que a Pedro: "¿Me amas?".

Pido al Señor reconocer su presencia en todas las circunstancias de mi vida.

Hechos 5:27–32,40b–41
Salmo 30:2,4,5–6,11–12,13 (2a)
Apocalipsis 5:11–14
Juan 21:1–19 o 21:1–14

Lunes

11 DE ABRIL

• SAN ESTANISLAO, OBISPO Y MÁRTIR •

[Ellos le dijeron:] "¿Qué necesitamos para llevar a cabo las obras de Dios?" Respondió Jesús: "La obra de Dios consiste en que crean en aquel a quien él ha enviado".
—JUAN 6:28–29

Debemos trabajar a diario para buscar nuestro sustento. Pero a la vez, debemos buscar el pan que nos da la vida eterna. Creer en el Pan de Vida, es creer en el Hijo de Dios. El Pan de la Palabra y el de la Eucaristía son la fuente de toda vida cristiana. Acudamos a recibirlo cuantas veces sea posible.

Hechos 6:8–15
Salmo 119:23–24,26–27,29–30
Juan 6:22–29

12 DE ABRIL

Entonces le dijeron: "Señor, danos siempre de ese pan". Jesús les contestó: "Yo soy el pan de vida. El que viene a mí no tendrá hambre, y el que cree en mí nunca tendrá sed".
—JUAN 6:34–35

Dios mío, te doy gracias
por la gloria que me tienes prometida,
por ser tan bueno conmigo
y darte en la Eucaristía.
Concédeme que
cada momento de mi vida
tenga presente tu amor por mí.
Amén.

Hechos 7:51—8:1a
Salmo 31:3cd–4,6 y 7b y 8a,17 y 21ab
Juan 6:30–35

Felipe bajó a la ciudad de Samaria y predicaba ahí a Cristo.
—HECHOS 8:5

Después de la Resurrección, los discípulos difundían el Evangelio contra viento y marea, dondequiera que se encontraban. En algunos lugares eran bien recibidos y en otros no. Sin embargo, nunca perdieron el ánimo de ser testigos del Resucitado.

¿Qué necesito para predicar la Palabra de Dios? ¿Hacia dónde debo ir?

Hechos 8:1b–8
Salmo 66:1–3a,4–5,6–7a
Juan 6:35–40

14 DE ABRIL

[Jesús dijo:] "Yo soy el pan vivo que ha bajado del cielo; el que coma de este pan vivirá para siempre, y el pan que yo les voy a dar es mi carne para que el mundo tenga vida".
—JUAN 6:50–51

Señor, tú que nos concedes participar
de tu Cuerpo y de tu Sangre,
míranos con bondad y ayúdanos
a vencer nuestra fragilidad humana,
especialmente durante esta Pascua.
Amén.

Hechos 8:26–40
Salmo 66:8–9,16–17,20
Juan 6:44–51

Viernes
15 DE ABRIL

Al instante, algo como escamas se le desprendió de los ojos y
recobró la vista.
—HECHOS 9:18

De alguna manera, todos hemos vivido la experiencia de Saulo. Según la Sagradas Escrituras, después de liberarse de sus escamas, Saulo fue bautizado y al cabo de unos días se puso a predicar en el nombre de Jesús. De manera similar, por nuestro Bautismo nos han sido desprendidas las escamas del pecado original. Por lo tanto, estamos llamados a afirmar con la vida y el testimonio que Jesús es el Hijo de Dios.

Hechos 9:1–20
Salmo 117:1bc,2
Juan 6:52–59

Sábado

16 DE ABRIL

Jesús les dijo a los Doce: "¿También ustedes quieren dejarme?" Simón Pedro le respondió: "Señor, ¿a quién iremos? Tú tienes palabras de vida eterna; y nosotros creemos y sabemos que tú eres el Santo de Dios".
—JUAN 6:67–68

Las palabras y los hechos de Jesús hicieron que muchos de sus seguidores se retractaran y dejaran de seguirle. Algunos se escandalizaban de los actos de Jesús. Hoy en día hay muchas personas que creen en Jesús, y sin embargo lo abandonan.

¿De qué me escandalizo yo? ¿Cómo respondo a las muchas críticas que se le hacen a la Iglesia católica?

Hechos 9:31–42
Salmo 116:12–13,14–15,16–17
Juan 6:60–69

Domingo

17 DE ABRIL

*"Mis ovejas escuchan mi voz; yo las conozco y ellas me siguen. Yo les doy
la vida eterna y no perecerán jamás; nadie las arrebatará de mi mano".*
—JUAN 10:27–28

Los pioneros del pueblo de Dios fueron pastores nómadas.
De ahí proviene la imagen del pastor con su rebaño como
ejemplo de la relación de Dios con su pueblo. Somos sus
ovejas y Jesús es el Buen Pastor.

Te pedimos, Padre, que envíes vocaciones sacerdotales,
buenos padres de familia, religiosos y laicos comprometidos
contigo y tu pueblo. Que todos nos unamos para predicar
tu Reino de justicia y de paz en el mundo. ¡Que así sea!

Hechos 13:14,43–52
Salmo 100:1–2,3,5 (3c)
Apocalipsis 7:9,14b–17
Juan 10:27–30

18 DE ABRIL

"Yo soy la puerta; quien entre por mí se salvará, podrá entrar y salir y encontrará pastos. El ladrón solo viene a robar, a matar y a destruir. Yo he venido para que tengan vida y la tengan en abundancia".
—JUAN 10:9–10

Lo más precioso que Dios le ha concedido al ser humano es la libertad. Entrar y salir por su puerta y encontrar siempre su misericordia es un verdadero regalo. Y eso es lo maravilloso de la abundancia de la vida en Dios.

Pidamos al Buen Pastor que no perdamos de vista su puerta. Que aleje de nuestra familia y comunidad todo tipo de divisiones y malos entendidos. Que aleje a los ladrones y falsos pastores. Pidamos hoy también por nuestros sacerdotes. Amén.

Hechos 11:1–18
Salmo 42:2–3;43:3,4
Juan 10:1–10

19 DE ABRIL

*Allí, en Antioquía, fue donde por primera vez los discípulos recibieron el
nombre de "cristianos".*
—HECHOS 11:26

Dios Padre todopoderoso,
concede a los cristianos de
todo el mundo libertad de expresión.
Que cese la persecución
para que así podamos celebrar
la Resurrección de Cristo
y vivir plenamente la alegría
de la Salvación.
Amén.

Hechos 11:19–26
Salmo 87:1b–3,4–5,6–7
Juan 10:22–30

En aquel tiempo, exclamó Jesús con fuerte voz: "El que cree en mí, no cree en mí, sino en aquel que me ha enviado; el que me ve a mí, ve a aquel que me ha enviado. Yo he venido al mundo como luz, para que todo el que crea en mí no siga en tinieblas".
—JUAN 12:44–46

En nuestra oración de hoy, reflexionemos sobre qué áreas de nuestra vida personal necesitan ser iluminadas por la luz de Cristo. Luego, oremos para que el Espíritu Santo nos acompañe y guíe hacia el interior de nuestro corazón y podamos decir confiados: "¡Señor creo en ti, pero aumenta mi fe!".

Hechos 12:24—13:5a
Salmo 67:2–3,5,6 y 8
Juan 12:44–50

Jueves

21 DE ABRIL

[Jesús dijo:] "El que recibe al que yo envío, me recibe a mí; y el que me recibe a mí, recibe al que me ha enviado".
—JUAN 13:20

Pidamos al Señor la gracia de cumplir su misión, de no acobardarnos, de no mirar hacia atrás en el compromiso de llevar a cabo su apostolado. ¡Que así sea!

Hechos 13:13–25
Salmo 89:2–3,21–22,25 y 27
Juan 13:16–20

22 DE ABRIL

*Nosotros les damos la buena nueva de que la promesa hecha a nuestros
padres nos la ha cumplido Dios a nosotros, los hijos, resucitando a Jesús,
como está escrito en el salmo segundo: "Tú eres mi hijo, yo te he
engendrado hoy".*
—HECHOS 13:32

En la reflexión de hoy hagamos la promesa de cumplir con
nuestras obligaciones personales, familiares y comunitarias.
Dios cumplió con nosotros totalmente al darnos a su Hijo,
Jesús. Esa Buena Nueva era la que anunciaban los apóstoles
en las primeras comunidades cristianas. En la actualidad,
el papa Francisco nos invita a llevar la Buena Nueva del
Evangelio haciendo ruido y con buen ánimo.

¿Soy portador de buenas noticias? ¿Cuál ha sido mi
experiencia al dar buenas noticias?

Hechos 13:26–33
Salmo 2:6–7,8–9,10–11ab
Juan 14:1–6

Sábado

23 DE ABRIL

• SAN JORGE, MÁRTIR • SAN ADALBERTO, OBISPO Y MÁRTIR •

Le dijo Felipe: "Señor, muéstranos al Padre y eso nos basta". Jesús le replicó: "Felipe, tanto tiempo hace que estoy con ustedes, ¿y todavía no me conoces? Quien me ha visto a mí, ha visto al Padre".
—JUAN 14:8–9

La pedagogía de Jesús es extraordinaria. La forma como enseña a sus discípulos muestra la paciencia y el amor de Dios hacia nosotros. Muchas veces nuestras inseguridades nos hacen aparecer incrédulos y torpes. Pero Jesús entiende nuestra humanidad.

Gracias, Señor,
por entenderme tal como soy.
Tú me hiciste a tu imagen
y deseas mi perfección.
Ayúdame a alcanzarla
por tu Hijo, Jesucristo.
Amén.

Hechos 13:44–52
Salmo 98:1,2–3ab,3cd–4
Juan 14:7–14

⇒ 147 ⇐

[Jesús dijo:] "Les doy un mandamiento nuevo: que se amen los unos a los otros, como yo los he amado; y por este amor reconocerán todos que ustedes son mis discípulos".

—JUAN 13:34–35

¡No hay vuelta de hoja! El testamento de Jesús es claro: todo estriba en amarnos los unos a los otros.

> Padre Bueno, ayúdanos a
> amarnos como hermanos.
> Que nuestras diferencias
> no sean causa de divisiones,
> sino por el contrario,
> que nuestra conducta ponga de manifiesto
> las verdades que nos has revelado.
> Amén.

Hechos 14:21–27
Salmo 145:8–9,10–11,12–13
Apocalipsis 21:1–5a
Juan 13:31–33a,34–35

En aquel tiempo, se apareció Jesús a los Once y les dijo: "Vayan por todo el mundo y prediquen el Evangelio a toda criatura. El que crea y se bautice, se salvará".
—MARCOS 16:15

Jesús da un mandato a sus apóstoles: "Vayan por todo el mundo". . . El papa Francisco nos impulsa a reflexionar en la siguiente frase: "No se cansen de trabajar por un mundo más justo y más solidario". Ambos nos envían a llevar la Buena Nueva de la Salvación a toda criatura que esté a nuestro alrededor.

Pidamos al Señor, que como bautizados y en medio de las preocupaciones de esta vida, nuestro corazón pueda encontrar la felicidad verdadera, y que trabajemos por una sociedad que valore la justicia y la paz.

1 Pedro 5:5b–14
Salmo 89:2–3,6–7,16–17
Marcos 16:15–20

Martes

26 DE ABRIL

En aquel tiempo, Jesús dijo a sus discípulos: "La paz les dejo, mi paz les doy. No se la doy como la da el mundo. No pierdan la paz ni se acobarden".

—JUAN 14:27

Si leemos cuidadosamente este pasaje de las Sagradas Escrituras, veremos que Jesús no nos da una paz cualquiera. Nos da su paz; la paz que él posee desde su Padre del cielo. Es una paz única que la Pascua nos invita a disfrutar.

¿Conozco esa paz? Sé que si se la pido al Señor con fe, él me la concederá.

Hechos 14:19–28
Salmo 145:10–11,12–13ab,21
Juan 14:27–31a

"Si permanecen en mí y mis palabras permanecen en ustedes, pidan lo que quieran y se les concederá. La gloria de mi Padre consiste en que den mucho fruto y se manifiesten así como discípulos míos".
—JUAN 15:7–8

Dar fruto significa evangelizar; evangelizar quiere decir permanecer unidos a Jesús. La vida de los cristianos consiste en perfeccionar su discipulado.

¿Soy un discípulo manifiesto?

Hechos 15:1–6
Salmo 122:1–2,3–4ab,4cd–5
Juan 15:1–8

28 DE ABRIL

• SAN PEDRO CHANEL, PRESBÍTERO Y MÁRTIR * SAN LUIS GRIGNION DE
MONTFORT, PRESBÍTERO •

*[Jesús dijo:] "Les he dicho esto para que mi alegría esté en ustedes y su
alegría sea plena".*
—JUAN 15:11

Es necesario renovar nuestra forma de pensar y trabajar
para cambiar las estructuras sociales. Solamente así todos
conoceremos la alegría plena y verdadera de la que nos
habla Jesús.

> Señor, conserva en mí el don del amor
> para que pueda encontrar la alegría verdadera.
> Que mi boca siempre te dé gracias
> y mis labios no se cansen de alabarte.
> Amén.

Hechos 15:7–21
Salmo 96:1–2a,2b–3,10
Juan 15:9–11

[Jesús dijo a sus discípulos:] "No son ustedes los que me han elegido, soy yo quien los ha elegido y los ha destinado para que vayan y den fruto y su fruto permanezca".
—JUAN 15:16

Celebremos con alegría la fiesta de santa Catalina de Siena, virgen sabia y prudente que supo llevar a cabo el mandamiento del amor. Lo hizo amando a sus hermanos más necesitados y poniendo sus esfuerzos para regresar al papa de Aviñón a Roma.

Santa Catalina de Siena, ¡ruega por nosotros!

Hechos 15:22–31
Salmo 57:8–9,10 y 12
Juan 15:12–17

Sábado

30 DE ABRIL

• SAN PÍO V, PAPA •

*Jesús dijo a sus discípulos: "Si el mundo los odia, sepan que me ha odiado a
mí antes que a ustedes. Si fueran del mundo, el mundo los amaría como cosa
suya; pero el mundo los odia porque no son del mundo, pues al elegirlos, yo
los he separado del mundo".*
—JUAN 15:18–19

El término "mundo", en el sentido bíblico, incluye a todas
aquellas personas que se oponen al Reino de Dios y a su
plan de Salvación. Jesús vino precisamente al mundo a eso:
a sacarnos del mundo opositor a la verdad y a la justicia.
Los mártires que han dado la vida por el Reino y los buenos
discípulos que dedican su vida al bienestar del mundo lo han
entendido a la perfección.

¡Jesús ya ha vencido al mundo con su Resurrección!
¡Aleluya!

Hechos 16:1–10
Salmo 100:1b–2,3,5
Juan 15:18–21

No vi ningún templo en la ciudad, porque el Señor Dios todopoderoso y el Cordero son el templo. No necesita la luz del sol o de la luna, porque la gloria de Dios lo ilumina y el Cordero es su lumbrera.
—APOCALIPSIS 21:22–23

¡Que alegría! Jesús es el Alfa y la Omega; el principio y el fin. Con su Resurrección, Cristo ha hecho nuevas todas las cosas. Él es nuestra esperanza definitiva.

Señor, ayúdame a enamorarme de las cosas del cielo; que no viva apegado a los bienes terrenos que me alejan de tu luz y de tu amor. Que sepa compartir lo que tu generosidad me ha dado. Envíame tu Espíritu para que me ayude a comprender tus acciones y tus palabras.

Hechos 15:1–2,22–29
Salmo 67:2–3,5,6,8 (4)
Apocalipsis 21:10–14,22–23
Juan 14:23–29

Lunes

2 DE MAYO

• SAN ATANASIO, OBISPO Y DOCTOR DE LA IGLESIA •

El Señor le tocó el corazón [a Lidia] para que aceptara el mensaje de Pablo.
—HECHOS 16:14

Recordemos que, en el segundo domingo de Pascua, Jesús mismo invita a Tomás a meter su mano en su costado y lo reta a no dudar sino a creer. En la lectura de hoy el Señor toca el corazón de Lidia y ella acepta el mensaje de Pablo.

¿Cuántas veces el Señor me ha invitado a que toque su costado para creer? ¿Cuántas veces el mismo Señor ha tocado mi corazón? ¡Se trata de creer con el corazón!

Hechos 16:11–15
Salmo 149:1b–2,3–4,5–6a y 9b"
Juan 15:26—16:4a

[Jesús dijo:] "Yo les aseguro: el que crea en mí, hará las obras que hago yo y las hará aún mayores, porque yo me voy al Padre; y cualquier cosa que pidan en mi nombre, yo la haré para que el padre sea glorificado en el Hijo: Yo haré cualquier cosa que me pidan en mi nombre".
—JUAN 14:13–14

Los apóstoles, desde Pedro hasta el papa Francisco, son la base de la Iglesia. A través de ellos la Iglesia católica alienta a sus fieles hacia el camino de la santidad. Ellos nos guían, nos enseñan y nos dan ejemplo, así como lo hicieron Felipe y Santiago, a quienes celebramos hoy. Encomendemos en nuestras oraciones al Papa y a los obispos del mundo entero para que sean buenos pastores de su grey.

Santos apóstoles Felipe y Santiago, ¡rueguen por nosotros!

1 Corintios 15:1–8
Salmo 19:2–3,4–5
Juan 14:6–14

4 DE MAYO

[Jesús dijo a sus discípulos:] "Cuando venga el Espíritu de verdad, él los irá guiando hasta la verdad plena".
—JUAN 16:13

Meditemos la siguiente oración a lo largo del día:

Ven, Dios Espíritu Santo,
y envíanos desde el cielo
tu luz para iluminarnos.
Amén.

¿Qué parte de mi vida necesita ser iluminada por el Espíritu Santo?

Hechos 17:15,22—18:1
Salmo 148:1–2,11–12,13,14
Juan 16:12–15

Jueves

5 DE MAYO

• LA ASCENSIÓN DEL SEÑOR •

Levantando las manos [Jesús], los bendijo, y mientras los bendecía, se fue apartando de ellos y elevándose al cielo.
—LUCAS 24:51

Nuestra existencia en la Tierra no es para siempre. Todos vamos de paso hacia el cielo. Nuestro futuro es revelado en la festividad de hoy.

Dios, dame la fuerza de mirar al cielo con esperanza y la firmeza de que en la Tierra solo estoy para hacer crecer tu Reino. Inspírame a participar de los misterios divinos para seguirte descubriendo en mi vida y bendíceme desde tu morada eterna.

.

Hechos 1:1–11
Salmo 47:2–3,6–7,8–9 (6)
Hebreos 9:24–28;10:19–23 o Efesios 1:17–23
Lucas 24:46–53

[Jesús dijo:] "Así también ahora ustedes están tristes, pero yo los volveré a ver, se alegrará su corazón y nadie podrá quitarles la alegría".
—JUAN 16:22

El Evangelio de Juan ofrece palabras de aliento a los discípulos. La alegría de volver a ver a Jesús les hace mantener el corazón alerta y comprometido.

Cuando un ser querido se va, sentimos congoja. Pero la promesa de Jesús de que lo volveremos a ver debe disipar toda nuestra tristeza. ¿Tenemos firme esa esperanza? Entonces, ¿por qué la tristeza y los lamentos? ¡Alegrémonos! ¡Aleluya!

Hechos 18:9–18
Salmo 47:2–3,4–5,6–7
Juan 16:20–23

En aquellos días, después de haber estado en Antioquía algún tiempo, emprendió Pablo otro viaje y recorrió Galacia y Frigia, confirmando en la fe a los discípulos.
—HECHOS 18:23

A propósito de confirmar en la fe a los discípulos modernos, el papa Francisco, en una de sus catequesis de los miércoles en la Plaza de San Pedro, dijo: "Y desde luego hay que ofrecer a los confirmados una buena preparación, que debe estar orientada a conducirlos hacia una adhesión personal a la fe en Cristo y a despertar en ellos el sentido de pertenencia a la Iglesia". Eso era precisamente lo que hacía Pablo en su tiempo.

Hechos 18:23–28
Salmo 47:2–3,8–9,10
Juan 16:23b–28

Domingo

8 DE MAYO

• VII DOMINGO DE PASCUA •

En aquel tiempo, Jesús levantó los ojos al cielo y dijo: "Padre, no sólo te pido por mis discípulos, sino también por los que van a creer en mí por la palabra de ellos, para que todos sean uno, como tú, Padre, en mí y yo en ti somos uno, a fin de que sean uno en nosotros y el mundo crea que tú me has enviado".

—JUAN 17:20–21

Durante todo el tiempo de Pascua, Jesús no hace más que mostrarnos el gran amor del Padre hacia el Hijo. Y por el Hijo es que alcanzamos la gracia de ese amor. Pidamos al Señor durante la semana que nos envíe al Espíritu Consolador orando así:

Gloria al Padre, Gloria al Hijo y Gloria al Espíritu Santo.

Tres personas distintas en un solo Dios verdadero. ¡Que gran misterio!

Hechos 7:55–60
Salmo 97:1–2,6–7,9 (1a,9a)
Apocalipsis 22:12–14,16–17,20
Juan 17:20–26

"En el mundo tendrán tribulaciones; pero tengan valor, porque yo he vencido al mundo".
—JUAN 16:33

¡Ay, Señor! ¡Qué bien nos conoces! Tú bien sabes cuánta tribulación ha existido a lo largo de la historia de la humanidad. Por lo tanto, te encomendamos lo siguiente:

Por las familias que han perdido a sus hijos a causa de la violencia, por los pueblos que sufren hambre y pobreza extrema, por la falta de fe y la pérdida de los valores cristianos y por tanta tribulación a causa de la injusticia y el desprecio por la vida humana. Danos valor para seguir en la lucha. ¡Que así sea!

Hechos 19:1–8
Salmo 68:2–3ab,4–5acd,6–7ab
Juan 16:29–33

*[Pablo dijo:] "Lo que me importa es llegar al fin de mi carrera y cumplir el
encargo que recibí del Señor Jesús: anunciar el Evangelio de la
gracia de Dios".*
—HECHOS 20:24

Pablo, apóstol de Jesucristo, misionero incansable, que
luchaste en la carrera con dignidad y fidelidad extrema,
hasta sufrir el martirio a causa del Evangelio. Ruega por
nosotros para que no perdamos la meta de vivir y predicar
la Palabra con el ejemplo de nuestra vida.

Hechos 20:17–27
Salmo 68:10–11,20–21
Juan 17:1–11a

Miércoles

11 DE MAYO

[Jesús dijo:] "Yo me santifico a mí mismo por ellos, para que también ellos sean santificados".
—JUAN 17:19

Estamos llamados a ser santos desde el día de nuestro Bautismo. El papa Francisco nos advierte que no es un simple rito: "El Bautismo es el sacramento en el cual se funda nuestra fe misma. El que nos injerta como miembros vivos de Cristo y en su Iglesia. Por lo tanto, no es una formalidad, es un acto que toca en profundidad nuestra existencia".

¿Doy gracias a Dios por el gran día de mi Bautismo en el que fui llamado a ser santo? ¿Sé la fecha de mi Bautismo?

Se le apareció el Señor a Pablo y le dijo: "Ten ánimo, Pablo; porque así como en Jerusalén has dado testimonio de mí, así también tendrás que darlo en Roma".

—HECHOS 23:11

Señor, bendícenos con ánimo y alegría
aunque estemos en dificultades,
sabiendo que siguiendo el ejemplo de Pablo
lograremos alcanzar la paz verdadera.
Solo así seremos capaces de dar testimonio de ti.
Amén.

Hechos 22:30,23:6–11
Salmo 16:1–2a y 5,7–8,9–10,11
Juan 17:20–26

Por tercera vez le preguntó [Jesús a Simón Pedro:] "Simón, hijo de Juan, ¿me quieres?"
—JUAN 21:17

Durante la Pascua hemos caminado junto con los discípulos de Jesús. Ahora, ya para la despedida, viene la pregunta directa para Simón Pedro y también para nosotros: ¿Me quieren?

Hoy celebramos a la Virgen María bajo la advocación de Nuestra Señora de Fátima. Ella nos ayuda a dar respuesta a su Hijo amado. Sencillamente, nos da la respuesta. "Hagan lo que él les diga".

Nuestra Señora de Fátima, ayúdanos a responder a tu Hijo amado como tú lo hiciste.

Hechos 25:13b–21
Salmo 103:1–2,11–12,19–20ab
Juan 21:15–19

Sábado

14 DE MAYO

[Jesús les dijo:] "No son ustedes los que me han elegido, soy yo quien los ha elegido y los ha destinado para que vayan y den fruto y su fruto permanezca, de modo que el Padre les conceda cuanto le pidan en mi nombre. Esto es lo que les mando: que se amen los unos a los otros".
—JUAN 15:16–17

Matías pasó a ser parte del grupo de los doce porque cumplió ciertos requisitos para llevar a cabo la responsabilidad del ministerio del apostolado. Y dos de estos requisitos eran muy importantes: haber acompañado a Jesús de alguna manera y haber convivido con los demás apóstoles.

Colaboremos y pongamos nuestro granito de arena en el Reino. . . pero de todo corazón. ¡San Matías, ruega por nosotros!

Hechos 1:15–17,20–26
Salmo 113:1–2,3–4,5–6,7–8
Juan 15:9–17

Domingo

15 DE MAYO

• DOMINGO DE PENTECOSTÉS •

*Porque así como el cuerpo es uno y tiene muchos miembros y todos ellos, a
pesar de ser muchos, forman un solo cuerpo, así también es Cristo. Porque
todos nosotros, seamos judíos o no judíos, esclavos o libres, hemos sido
bautizados en un mismo Espíritu para formar un solo cuerpo, y a todos se
nos ha dado a beber del mismo Espíritu.*
—1 CORINTIOS 12:12–13

Ven, Espíritu Santo, llena los corazones de tus fieles.
Y enciende en ellos el fuego de tu amor.
Envía tu Espíritu y serán creadas todas las cosas.
Y renovarás la faz de la tierra.
Amén.

MISA VESPERTINA DE
LA VIGILIA
Génesis 11:1–9 o Éxodo 19:3–8a,16–20b
o Ezequiel 37:1–4 o Joel 3:1–5
Salmo 104:1–2,24,35,27–28,29,30
Romanos 8:22–27
Juan 7:37–39

MISA DEL DÍA
Hechos 2:1–11
Salmo 104:1,24,29–30,31,34
1 Corintios 12:3b–7,12–13 o
Romanos 8:8–17
Juan 20:19–23 o 14:15–16,23b–26

Hermanos míos: ¿Hay alguno entre ustedes con sabiduría y experiencia? Si es así, que lo demuestre con su buena conducta y con amabilidad propia de la sabiduría.
—SANTIAGO 3:13

Ser discípulos de Jesús requiere de la sabiduría que Dios mismo va otorgando a quienes se la piden. La sabiduría y la experiencia traen consigo las buenas decisiones y el buen trato hacia las personas que se nos han encomendado en el ministerio. La buena conducta es el fruto de la sabiduría.

¡Pidamos al Espíritu Santo el don de la sabiduría!

Santiago 3:13–18
Salmo 19:8,9,10,15
Marcos 9:14–29

Entonces Jesús se sentó, llamó a los Doce y les dijo: "Si alguno quiere ser el primero, que sea el último de todos y el servidor de todos".
—MARCOS 9:35

Para descubrir quién es Jesús, sus discípulos, las personas que lo rodeaban en su tiempo histórico y nosotros ahora, tenemos por fuerza que sentarnos a escuchar sus enseñanzas.

¿Dedico alguna hora del día a la oración? ¿Tengo un lugar especial para hacerlo? ¿He leído los cuatro Evangelios?

Santiago 4:1–10
Salmo 55:7–8,9–10a,10b–11a,23
Marcos 9:30–37

[Jesús dijo:] "No se lo prohíban, porque no hay ninguno que haga milagros en mi nombre, que luego sea capaz de hablar mal de mí. Todo aquel que no está contra nosotros, está a nuestro favor".
—MARCOS 9:39–40

Dios nuestro, fuerza y recompensa de tus mártires,
escucha las oraciones que te dirigimos hoy
al celebrar al papa San Juan I mártir.
Concédenos, por su Intercesión,
vivir de acuerdo con la fe
que él atestiguó en su martirio.
Amén.

Santiago 4:13–17
Salmo 49:2–3,6–7,8–10,11
Marcos 9:38–40

Jueves

19 DE MAYO

En aquel tiempo, Jesús dijo a sus discípulos: "Todo aquel que les dé a beber un vaso de agua por el hecho de que son de Cristo, les aseguro que no se quedará sin recompensa".
—MARCOS 9:41

Lo que distingue a los cristianos es el amor. Dar un vaso de agua en nombre de Jesús es lo que hace grande el amor. La compasión y la misericordia siempre van de la mano. Jesús nos describe en detalle el cómo se debe entrar al cielo. Más vale, nos dice, entrar incompletos que enteros pero fuera de su Reino.

Te pido, Señor, que me ayudes a comprender tu Palabra de este día.

Santiago 5:1–6
Salmo 49:14–15ab,15cd–16,17–18,19–20
Marcos 9:41–50

[Jesús dijo:] "Por eso, lo que Dios unió, que no lo separe el hombre".
—MARCOS 10:9

La unión de un hombre y una mujer es una unión sagrada que solo Dios puede separar. Es por esto que el matrimonio y la familia son tan importantes. Las preguntas de los fariseos fueron contestadas basadas en este principio. Es decir, en el plan de Dios para la humanidad basado en el amor y la fidelidad.

Te pido, Señor, que haya respeto y cariño auténticos en mi familia. Que sepa respetar a mis padres y amarlos como ellos lo merecen. Que mis hermanos y yo seamos ejemplo de hermandad para los que nos rodean.

Santiago 5:9–12
Salmo 103:1–2,3–4,8–9,11–12
Marcos 10:1–12

21 DE MAYO

Al ver aquello, Jesús se disgustó y les dijo: "Dejen que los niños se acerquen a mí y no se lo impidan, porque el Reino de Dios es de los que son como ellos. Les aseguro que el que no reciba el reino de Dios como un niño, no entrará en él".
—MARCOS 10:14–15

Los niños nuevamente son los protagonistas de Jesús. El permitir que se acerquen a él da esperanza. Los discípulos piden a los padres que los alejen del Maestro. Sin embargo, Jesús nos da una catequesis del Reino de Dios con estos inocentes.

¿Qué cualidades de la infancia deberíamos tener los adultos para merecer estas consideraciones de parte de Jesús?

Santiago 5:13–20
Salmo 141:1–2,3 y 8
Marcos 10:13–16

Domingo

22 DE MAYO

• LA SANTÍSIMA TRINIDAD •

[Jesús dijo:] "Él me glorificará, porque primero recibirá de mí lo que les vaya comunicando. Todo lo que tiene el Padre es mío. Por eso he dicho que tomará de lo mío y se lo comunicará a ustedes".

—JUAN 16:14–15

Bendito sea Dios, Padre, Hijo y Espíritu Santo,
porque nos ha demostrado su inmenso amor
de generación en generación.
Gloria al Padre, gloria al Hijo
y gloria al Espíritu Santo.
Como era en el principio, ahora y siempre,
por los siglos de los siglos.
Amén.

Proverbios 8:22–31
Salmo 8:4–5,6–7,8–9 (2a)
Romanos 5:1–5
Juan 16:12–15

*Jesús lo miró con amor y le dijo: "Sólo una cosa te falta: Ve y vende lo que
tienes, da el dinero a los pobres y así tendrás un tesoro en los cielos.
Después, ven y sígueme".*
—MARCOS 10:21–22

El Evangelio de hoy nos ayuda a hacer un buen examen
de conciencia respecto a cómo respondemos a Dios y a
los pobres que nos necesitan. No se trata de apegarnos a
las posesiones sino de compartirlas y abrir las puertas del
corazón. ¡Ánimo! ¡Jesús nos mira con amor!

¿Qué me falta hacer para alcanzar la vida eterna? ¿Es
suficiente con ir a misa y rezar mis devociones? ¿Cumplo los
mandamientos?

1 Pedro 1:3–9
Salmo 111:1–2,5–6,9 y 10c
Marcos 10:17–27

[Jesús dijo:] "Y muchos que ahora son los primeros serán los últimos, y muchos que ahora son los últimos, serán los primeros".
—MARCOS 10:31

Jesús le responde a Pedro acertadamente. No hay que angustiarse por tener que dejarlo todo y seguirlo, pues Dios nos dará el ciento por uno. Y en esto del Reino de los cielos, solo los arriesgados lo alcanzan. Por eso, los primeros serán los últimos y los últimos los primeros.

¿Será que poseer riquezas nos impide ganar el Reino de Dios? ¿Quiénes son los primeros en nuestra sociedad actual? ¿Quiénes son los últimos?

1 Pedro 1:10–16
Salmo 98:1,2–3ab,3cd–4
Marcos 10:28–31

Miércoles

25 DE MAYO

• SAN BEDA EL VENERABLE, PRESBÍTERO Y DOCTOR DE LA IGLESIA • SAN
GREGORIO VII, PAPA • SANTA MARÍA MAGDALENA DE PAZZI,
VIRGEN Y RELIGIOSA •

*[Jesús dijo a sus apóstoles:] "El que quiera ser grande entre ustedes, que sea
su servidor, y el que quiera ser el primero, que sea el esclavo de todos, así
como el Hijo del hombre, que no ha venido a que lo sirvan, sino a servir y a
dar su vida por la redención de todos".*
—MARCOS 10:43–44

¿Cómo podemos responder a la tendencia que sigue
imperando en nuestra sociedad moderna de buscar el primer
lugar tal como Santiago y Juan se lo pidieron a Jesús? Grave
dificultad para los apóstoles, ya que entre ellos surgieron la
envidia y los celos. Pero Jesús responde claramente: el que
quiera ser el primero, debe servir a todos. Tal y como él lo
hizo en la cruz por nosotros.

¡Gracias Señor por amarnos tanto!

1 Pedro 1:18–25
Salmo 147:12–13,14–15,19–20
Marcos 10:32–45

Jueves

26 DE MAYO

• SAN FELIPE NERI, PRESBÍTERO •

[El ciego Bartimeo comenzó a gritar:] "¡Jesús, hijo de David, ten compasión de mí!" Muchos lo reprendían para que se callara, pero él seguía gritando todavía más fuerte: "¡Hijo de David, ten compasión de mí!"
—MARCOS 10:47–48

San Felipe Neri, como el ciego Bartimeo, supo buscar al Señor, y al encontrarlo, vivió con alegría la austeridad de las "Bienaventuranzas". Era realmente reconfortante contemplar a este sacerdote extasiado en la Eucaristía y entregado a los jóvenes, enfermos y encarcelados. Su éxito fue hacer suyo el amor divino en su vida.

San Felipe Neri, ¡ruega por nosotros!

1 Pedro 2:2–5,9–12
Salmo 100:2,3,4,5
Marcos 10:46–52

27 DE MAYO

• SAN AGUSTÍN DE CANTERBURY, OBISPO •

Que cada uno, como buen administrador de la gracia multiforme de Dios,
emplee para servir a los demás, los dones recibidos.
—1 PEDRO 4:10

Ayúdanos, Señor,
por intercesión de san Agustín,
a poner nuestros dones al servicio del Reino.
Que sepamos ser buenos administradores
de cada uno de ellos
y te demos a conocer con nuestras obras.
Amén.

1 Pedro 4:7–13
Salmo 96:10,11–12,13
Marcos 11:11–26

[Le preguntaron a Jesús:] "¿Con qué autoridad haces todo esto? ¿Quién te ha dado autoridad para actuar así?"
—MARCOS 11:28

La respuesta de los sumos sacerdotes, los escribas y los ancianos de no saber de dónde proviene la autoridad de Jesús les hace ver su miedo y ceguera de reconocer al mismo Dios. No quieren problemas con la gente y por eso guardan silencio. Pero nosotros que hemos visto a Jesús hacer todo tipo de milagros, curar enfermos, resucitar muertos y sacar demonios de las personas, sí sabemos que su autoridad proviene del Padre que se complace en su Hijo amado.

Hoy es bueno que cada uno de nosotros reflexionemos sobre esto: ¿cómo llevo a cabo la autoridad que se me ha conferido?

Judas 17,20b–25
Salmo 63:2,3–4,5–6
Marcos 11:27–33

Domingo

29 DE MAYO

Después Jesús tomó en sus manos los cinco panes y los dos pescados, y
levantando su mirada al cielo, pronunció sobre ellos una oración de acción
de gracias, los partió y los fue dando a los discípulos para que ellos los
distribuyeran entre la gente. Comieron todos y se saciaron, y de lo que
sobró se llenaron doce canastos.
—LUCAS 9:16–17

Señor, ayúdanos a comprender el misterio de la Eucaristía.

Si lo parten, no te apures;
solo parten lo exterior;
en el mínimo fragmento
entero late el Señor.

Todo lo puedes y sabes,
pastor de ovejas, divino.
Concédenos en el cielo
gozar la herencia contigo.
Amén.

Génesis 14:18–20
Salmo110:1,2,3,4 (4b)
1 Corintios 11:23–26
Lucas 9:11b–17

[Jesús les dijo:] "¿Acaso no han leído en las Escrituras: 'La piedra que desecharon los constructores es ahora la piedra angular'. Esto es obra de la mano del Señor, es un milagro patente?"
—MARCOS 12:10–11

La Palabra de Dios en la vida de cada cristiano debe dar frutos. El drama sucedido entre los sumos sacerdotes, los escribas y los ancianos al rechazar a Jesús los desconcierta e irrita. Rechazan nada menos que a la piedra angular. Tantos siglos de espera y no se dan cuenta de que ha llegado la hora. Pero ahora la pregunta va para mí:

¿Rechazo a Jesús o lo acepto como la piedra angular de mi vida?

2 Pedro 1:2–7
Salmo 91:1–2,14–15b,15c–16
Marcos 12:1–12

Martes

31 DE MAYO

• VISITACIÓN DE LA SANTÍSIMA VIRGEN MARÍA •

Isabel quedó llena del Espíritu Santo, y levantando la voz, exclamó:
"¡Bendita tú entre las mujeres y bendito el fruto de tu vientre!"
—LUCAS 1:41–43

Como María, llenos de alegría, oremos el Magníficat:

Proclama mi alma la grandeza del Señor,
se alegra mi espíritu en Dios, mi salvador;
porque ha mirado la humillación de su esclava.
Él hace proezas con su brazo:
dispersa a los soberbios de corazón,
derriba del trono a los poderosos
y enaltece a los humildes,
a los hambrientos los colma de bienes
y a los ricos los despide vacíos.
Auxilia a Israel, su siervo, acordándose de la
        misericordia
—como lo había prometido a nuestros padres—.
En favor de Abrahán y su descendencia por siempre.

Sofonías 3:14–18a o Romanos 12:9–16
Isaías 12:2–3,4bcd,5–6
Lucas 1:39–56

1 DE JUNIO

• SAN JUSTINO, MÁRTIR •

[Jesús les dijo:] "Dios no es Dios de muertos, sino de vivos. Están, pues,
muy equivocados".
—MARCOS 12:27

Concédenos, Señor, comprender dignamente
la verdadera sabiduría que consiste en descubrir
la búsqueda de la fuente de la vida que eres tú.
Danos el valor de san Justino,
que no temió a la muerte
con tal de ganar la vida eterna.
Amén.

2 Timoteo 1:1–3,6–12
Salmo 123:1b–2ab,2cdef
Marcos 12:18–27

Jueves

2 DE JUNIO

• SAN MARCELINO Y SAN PEDRO, MÁRTIRES •

[Un escriba le preguntó:] "¿Cuál es el primero de todos los mandamientos?"
Jesús le respondió: "'Escucha, Israel: El Señor, nuestro Dios, es el único
Señor; amarás al Señor, tu Dios, con todo tu corazón, con toda tu alma',
con toda tu mente 'y con todas tus fuerzas'. El segundo es este: 'Amarás a
tu prójimo como a ti mismo'".
—MARCOS 12:28–31

Amar a Dios con todo sin escatimar esfuerzos. Darnos
completitos a su amor. Convencernos de que el amor al
prójimo debe estar en el corazón de nuestra fe. Sin tantas
reglas, el amor brota por sí mismo. ¡Gracias, Señor, por este
gran mandamiento!

2 Timoteo 2:8–15
Salmo 25:4–5ab,8–9,10 y 14
Marcos 12:28–34

[Jesús dijo:] "¿Quién de ustedes, si tiene cien ovejas y se le pierde una, no deja las noventa y nueve en el campo y va en busca de la que se le perdió hasta encontrarla? Y una vez que la encuentra, la carga sobre sus hombros, lleno de alegría, y al llegar a su casa, reúne a los amigos y vecinos y les dice: 'Alégrense conmigo, porque ya encontré la oveja que se me había perdido'".
—LUCAS 15:4–6

Dios mío, junto mi voluntad a la tuya y quiero vivir y morir unido a Ti. ¡Sagrado Corazón de Jesús, en ti confío!

Ezequiel 34:11–16
Salmo 23:1–3,4,5,6
Romanos 5:5b–11
Lucas 15:3–7

4 DE JUNIO

• EL CORAZÓN INMACULADO DE MARÍA •

Su madre conservaba en su corazón todas aquellas cosas.
—LUCAS 2:51

Bendita sea tu pureza,
y eternamente lo sea,
pues todo un Dios se recrea
en tan graciosa belleza.
A ti, celestial princesa,
virgen sagrada María,
te ofrezco desde este día,
alma, vida y corazón.
Mírame con compasión.
¡No me dejes, Madre mía!
Amén.

2 Timoteo 4:1–8
Salmo 71:8–9,14–15ab,16–17,22
Lucas 2:41–51

Domingo

5 DE JUNIO

• X DOMINGO DEL TIEMPO ORDINARIO •

[Jesús dijo a la viuda:] "No llores". Acercándose al ataúd, lo tocó, y los que lo llevaban se detuvieron. Entonces dijo Jesús: "Joven, yo te lo mando: levántate".

—LUCAS 7:13–14

La viuda, que sin ninguna palabra recibe el milagro, conmueve a Jesús. Fue su llanto silencioso lo que le hizo ganar la compasión del autor de la vida. Ningún dolor físico o psicológico es indiferente a Dios. De nosotros queda el pedir, confiar y agradecer.

Señor, gracias por escucharnos en nuestras necesidades. Por estar siempre con los que sufren, con los indefensos y con los pobres.

1 Reyes 17:17–24
Salmo 30:2,4,5–6,11,12,13 (2a)
Gálatas 1:11–19
Lucas 7:11–17

6 DE JUNIO

• SAN NORBERTO, OBISPO •

Enseguida [Jesús] comenzó a enseñarles, y les dijo:
—MATEO 5:2

Dichosos los pobres de espíritu.
Dichosos los que lloran.
Dichosos los sufridos.
Dichosos los que tienen hambre y sed de justicia.
Dichosos los misericordiosos.
Dichosos los limpios de corazón.
Dichosos los que trabajan por la paz.
Dichosos los perseguidos por causa de la justicia.
Dichosos serán ustedes cuando los injurien, los
persigan y digan cosas falsas de ustedes a
causa mía.

¿Por qué motivos me considero dichoso en mi vida?

1 Reyes 17:1–6
Salmo 121:1bc–2,3–4,5–6,7–8
Mateo 5:1–12

7 DE JUNIO

En aquel tiempo, Jesús dijo a sus discípulos: "Ustedes son la sal de la tierra. Si la sal se vuelve insípida, ¿con qué se le devolverá el sabor? Ya no sirve para nada y se tira a la calle para que la pise la gente".
—MATEO 5:13

Yo soy sal, y no debo perder el sabor de anunciar el Reino. Yo soy luz, y no debo ser partícipe de las tinieblas del mundo. La fe que decimos tener y los valores que animan nuestra esperanza nos deben hacer corresponsables en el discipulado de Cristo. ¡Sigamos escuchando sus enseñanzas!

1 Reyes 17:7–16
Salmo 4:2–3,4–5,7b–8
Mateo 5:13–16

8 DE JUNIO

[El pueblo postrándose en tierra, dijo:] "El Señor es el Dios verdadero. El Señor es el Dios verdadero".
—1 REYES 18:39

Señor Dios uno y trino,
danos tu gracia continuamente,
para que siempre te amemos,
te demos gracias y te glorifiquemos.
Tú que eres santo, Dios único,
por los siglos de los siglos.
Amén.

1 Reyes 18:20–39
Salmo 16:1b–2ab,4,5ab y 8,11
Mateo 5:17–19

[Jesús dijo a sus discípulos:] "Todo el que se enoje con su hermano, será llevado también ante el tribunal; el que insulte a su hermano, será llevado ante el tribunal supremo, y el que lo desprecie, será llevado al fuego del lugar de castigo".
—MATEO 5:22

Cuando sobrevino la invasión de los Persas, el diácono Efrén, junto con sus discípulos, tuvo que abandonar Nísibe —en donde dirigía la escuela teológica, para refugiarse en Edesa— en donde murió en el año 373. Combinaba maravillosamente la vida de contemplación con la severa austeridad. De su fuego interno brotó el lirismo que lo ha consagrado como "el arpa del Espíritu Santo".

San Efrén, ¡ruega por nosotros!

1 Reyes 18:41–46
Salmo 65:10,11,12–13
Mateo 5:20–26

[El Señor dijo a Elías:] "Sal de la cueva y quédate en el monte para ver al Señor, porque el Señor va a pasar".
—1 REYES 19:11

Las dificultades del profeta Elías quedaron resueltas al escuchar al Señor. Ahora, en nuestros tiempos, es absurdo pensar que la vida del cristiano fiel sea más fácil. Las dificultades afloran en la jornada, y en la sencillez de nuestra vida todos días le pedimos al Señor que nos ilumine y nos guíe. ¡Que así sea!

1 Reyes 19:9a,11–16
Salmo 27:7–8a,8b–9abc,13–14
Mateo 5:27–32

Todos volvieron a ayunar y a orar, después les impusieron las manos y los despidieron.
—HECHOS 13:3

Las primeras comunidades cristianas se mantenían unidas en oración y ayuno. De este modo fueron descubriendo lo que Dios quería de cada uno de ellos. San Bernabé, especialmente, fue digno de ser contado entre los apóstoles, pues era un hombre de fe, bueno y lleno del Espíritu Santo.

¿Cómo es mi fe? ¿Soy digno de ser contado entre los miembros de mi comunidad católica?

Hechos 11:21b–26; 13:1–3
Salmo 98:1,2–3ab,3cd–4,5–6
Mateo 5:33–37

[Jesús dijo a Simón:] "Por lo cual, yo te digo: sus pecados, que son muchos, le han quedado perdonados, porque ha amado mucho. En cambio, al que poco se le perdona, poco ama". Luego le dijo a la mujer: "Tus pecados te han quedado perdonados".

—LUCAS 7:47–48

Señor, gracias por escuchar mi oración,
gracias por perdonar mis pecados
y asistirme en mis debilidades.
Como a la mujer pecadora,
no me rechaces ni me abandones.
Que tu ternura abrace
mis deseos de ser mejor.
Amén.

2 Samuel 12:7–10,13
Salmo 32:1–2,5,7,11
Gálatas 2:16,19–21
Lucas 7:36—8:3 o 7:36–50

[Jesús dijo a sus discípulos:] "Si alguno te golpea en la mejilla derecha, preséntale también la izquierda; al que te quiera demandar en juicio para quitarte la túnica, cédele también el manto".
—MATEO 5:39–40

Nunca debemos olvidar que solo podemos vencer el mal con el bien. La violencia genera más violencia. Gandhi, gran promotor de la paz, dijo esta frase. "Ojo por ojo y el mundo se quedará ciego". El buen cristiano no debe ser el causante de la violencia. Por el contrario, debe promover y vivir la justicia y la paz.

Señor, ayúdame a ser promotor de la paz que tanto necesita el mundo.

1 Reyes 21:1–16
Salmo 5:2–3ab,4b–6a,6b–7
Mateo 5:38–42

[*Jesús dijo a sus discípulos:*] *"Porque si ustedes aman a los que los aman,
¿qué recompensa merecen? ¿No hacen eso mismo los publicanos? Y si
saludan tan sólo a sus hermanos, ¿qué hacen de extraordinario? ¿No hacen
eso mismo los paganos? Ustedes, pues, sean perfectos, como su padre
celestial es perfecto".*
—MATEO 5:46–48

Los discípulos deben construir una vida basada en el amor,
la oración y el perdón. Sus decisiones deben ser imparciales,
sin inclinarse hacia un solo lado. Como ejemplo, Jesús pone
al Padre celestial que hace salir el sol sobre buenos y malos.

> Señor,
> dame licencia de ser bueno,
> de ser perfecto como tú lo eres.
> Amén.

1 Reyes 21:17–29
Salmo 51:3–4,5–6ab,11 y 16
Mateo 5:43–48

15 DE JUNIO

[Jesús dijo a sus discípulos:] "Tú, en cambio, cuando vayas a orar, entra en tu cuarto, cierra la puerta y ora ante tu Padre, que está allí, en lo secreto; y tu Padre, que ve lo secreto, te recompensará".
—MATEO 6:6

Uno de los caminos de fidelidad a Dios es la oración. Jesús da buenos puntos para comenzar la vida de oración.

¿Cómo anda mi vida de oración? ¿Tengo un lugar específico para orar?

2 Reyes 2:1,6–14
Salmo 31:20,21,24
Mateo 6:1–6,16–18

16 DE JUNIO

[Jesús dijo a sus discípulos:] "Si ustedes perdonan las faltas a los hombres, también a ustedes los perdonará el Padre celestial. Pero si ustedes no perdonan a los hombres, tampoco el Padre les perdonará a ustedes sus faltas".
—MATEO 6:14–15

Reflexionemos hoy en la oración del Padrenuestro, parte por parte, y veamos lo que significa en su conjunto. Pongamos en práctica cada una de sus palabras para mejorar nuestra vida.

Sirácide 48:1–14
Salmo 97:1–2,3–4,5–6,7
Mateo 6:7–15

[Jesús dijo a sus discípulos:] "Donde está tu tesoro, ahí también está tu corazón".
—MATEO 6:21

¿Dónde está nuestro corazón y nuestra preocupación? La frase del Evangelio sigue siendo válida después de más de dos mil años. ¿Dónde está nuestro apego? Jesús nos advierte que no acumulemos tesoros en la tierra sino que lo hagamos para el cielo. ¿Cuáles son los tesoros para el cielo?

Señor, permíteme descubrir y utilizar mis tesoros para hacer el bien. ¡Te doy gracias por darme la capacidad de compartir cada uno de ellos!

2 Reyes 11:1–4,9–18,20
Salmo 132:11,12,13–14,17–18
Mateo 6:19–23

[Jesús dijo a sus discípulos:] "Busquen primero el Reino de Dios y su justicia, y todas estas cosas se les darán por añadidura. No se preocupen por el día de mañana, porque el día de mañana traerá ya sus propias preocupaciones. A cada día le bastan sus propios problemas".
—MATEO 6:33–34

Se trata de tener confianza en Dios, pero no una confianza pasiva. Trabajar sí, pero con más sosiego y disfrutando lo que hacemos. Procurar llevar a cabo nuestro trabajo con más calma y menos estrés, que es la enfermedad de este siglo. Recordemos que solo Dios es el dueño de cada minuto de nuestra vida.

2 Crónicas 24:17–25
Salmo 89:4–5,29–30,31–32,33–34
Mateo 6:24–34

Luego, dirigiéndose a la multitud, les dijo: "Si alguno quiere acompañarme, que no se busque a sí mismo, que tome su cruz de cada día y me siga. Pues el que quiera conservar para sí mismo su vida, la perderá; pero el que la pierda por mi causa, ése la encontrará".

—LUCAS 9:23–24

Señor que nunca abandonas a tu rebaño,
concédenos vivir siempre movidos por tu amor.
Ayúdanos a abrazar la cruz de cada día con dignidad,
tal como tú lo hiciste por nosotros.
Amén.

Zacarías 12:10–11;13:1
Salmo 63:2,3–4,5–6,8–9 (2b)
Gálatas 3:26–29
Lucas 9:18–24

[Jesús dijo a sus discípulos:] "Sácate primero la viga que tienes en el ojo, y luego podrás ver bien para sacarle a tu hermano la paja que lleva en el suyo".
—MATEO 7:3

Es muy difícil reconocer los defectos propios. Es más fácil ver los errores de los demás y tratar de corregirlos.

¿Qué vigas llevo en mis propios ojos? ¿Qué puedo hacer para criticar menos a los demás?

Señor, ayúdame a ver mis propios defectos y transformarlos en actitudes buenas.

2 Reyes 17:5–8,13–15a,18
Salmo 60:3,4–5,12–13
Mateo 7:1–5

[Jesús dijo a sus discípulos:] "Traten a los demás como quieren que ellos los traten a ustedes. En esto se resumen la ley y los profetas".
—MATEO 7:12

San Luis Gonzaga fue religioso jesuita. Murió a los 23 años, contagiado por los enfermos a los que cuidaba. Así coronó una vida totalmente recta, desde que vivió en el palacio de sus padres hasta que entró de jesuita en el noviciado en Roma. Su rectitud fue conseguida a base de heroicos esfuerzos por dominarse a fin de ser fiel al amor de Dios.

San Luis Gonzaga, ¡ruega por nosotros!

2 Reyes 19:9b–11,14–21,31–35a,36
Salmo 48:2–3ab,3cd–4,10–11
Mateo 7:6,12–14

Miércoles

22 DE JUNIO

• SAN PAULINO DE NOLA, OBISPO * SAN JUAN FISHER, OBISPO Y MÁRTIR *
SANTO TOMÁS MORO, MÁRTIR •

[Jesús dijo a sus discípulos:] "Todo árbol bueno da frutos buenos y el árbol
malo da frutos malos. Un árbol bueno no puede producir frutos malos y un
árbol malo no puede producir frutos buenos. Todo árbol que no produce
frutos buenos es cortado y arrojado al fuego. Así que por sus frutos
los conocerán".
—MATEO 7:17–20

De un corazón bondadoso salen frutos buenos. De un
corazón envidioso salen frutos malos. Fijémonos en los tres
grandes santos que celebramos hoy. Ellos supieron dar
frutos buenos en su vida. ¿Qué podemos imitar de ellos?

¿Qué frutos doy yo: buenos o malos? ¿Me limito solo a
hablar palabras bonitas o también actúo?

2 Reyes 22:8–13,23:1–3
Salmo 119:33,34,35,36,37,40
Mateo 7:15–20

23 DE JUNIO

[Jesús dijo a sus discípulos:] "El que escucha estas palabras mías y las pone en práctica, se parece a un hombre prudente, que edificó su casa sobre roca. Vino la lluvia, bajaron las crecientes, se desataron los vientos y dieron contra aquella casa; pero no se cayó, porque estaba construida sobre roca".
—MATEO 7:24–25

Si estamos con Jesús, ¿qué podemos temer? Ninguna tormenta, huracán o torbellino podrá destruir nuestra fe.

Padre santo, dame la fuerza de afianzarme en la roca que es Jesucristo, especialmente en estos tiempos de violencia y confusión.

2 Reyes 24:8–17
Salmo 79:1b–2,3–5,8,9
Mateo 7:21–29

24 DE JUNIO

• NATIVIDAD DE SAN JUAN BAUTISTA •

A los ocho días, fueron a circuncidar al niño y le querían poner Zacarías, como su padre; pero la madre se opuso diciéndoles: "No. Su nombre es Juan". Ellos le decían: "Pero ninguno de tus parientes se llama así".
—LUCAS 1:59–61

"El mundo tiene necesidad de testigos más que de maestros. Esa es la misión de los profetas, como el que hoy recordamos. Ser testigo es hablar más con la vida que con las Palabras". (papa Paulo VI)

Dios trino, que nunca falten los profetas testigos de esperanza en tu Iglesia.

MISA VESPERTINA DE
LA VIGILIA
Jeremías 1:4–10
Salmo 71:1–2,3–4a,5–6ab,15ab y 17
1 Pedro 1:8–12
Lucas 1:5–17

MISA DEL DÍA
Isaías 49:1–6
Salmo 139:1b–3,13–14ab,14c–15
Hechos 13:22–26
Lucas 1:57–66,80

Se acercó un oficial romano y le dijo: "Señor, tengo en mi casa un criado que está en cama, paralítico, y sufre mucho". Él contestó: "Voy a curarlo".
Pero el oficial replicó: "Señor, yo no soy digno de que entres en mi casa; con que digas una sola palabra, mi criado quedará sano".
—MATEO 8:5–8

Imaginemos lo que sentiría el oficial romano que pide a Jesús ese favor de curar a su criado. ¿Qué respuesta esperaba de Jesús?

¡Ah! Si tuviéramos fe como este oficial, de seguro nuestra vida sería diferente. Ninguno de nosotros es digno de recibir a Jesús en casa. Pero por su gracia, nos hacemos merecedores de su amistad y amor.

Lamentaciones 2:2,10–14,18–19
Salmo 74:1b–2,3–5,6–7,20–21
Mateo 8:5–17

Mientras iban de camino, alguien le dijo a Jesús: "Te seguiré a dondequiera que vayas". Jesús le respondió: "Las zorras tienen madrigueras y los pájaros, nidos; pero el Hijo del hombre no tiene en dónde reclinar la cabeza".
—LUCAS 9:57–58

Dios mío,
guíanos por medio de tu gracia
a seguir fielmente a tu Hijo.
Concédenos por medio de él
ser fieles seguidores tuyos.
Que siempre estemos atentos a tu voz.
Amén.

1 Reyes 19:16b,19–21
Salmo 16:1–2,5,7–8,9–10,11
Gálatas 5:1,13–18
Lucas 9:51–62

• SAN CIRILO DE ALEJANDRÍA, OBISPO Y DOCTOR DE LA IGLESIA •

Esto dice el Señor:
"Por sus innumerables pecados
no perdonaré a Israel.
Porque venden al inocente por dinero,
y al pobre, por un par de sandalias.
Aplastan a los pobres contra el suelo
y sacan del camino a los humildes".
—AMÓS 2:6–7

¿He avergonzado a alguien tan solo por ser pobre? ¿He defendido a los inmigrantes para que logren sus derechos?

Señor, haz que vea tu rostro en los pobres, los inmigrantes y los humildes.

Amós 2:6–10,13–16
Salmo 50:16bc–17,18–19,20–21,22–23
Mateo 8:18–22

28 DE JUNIO

[Jesús] les respondió: "¿Por qué tienen miedo, hombres de poca fe?"
—MATEO 8:26

Señor, tú que llamaste al obispo san Ireneo
a defender tu verdad y a traer la paz a tu Iglesia,
aumenta en nosotros la fe y la caridad
a fin de que nos esforcemos por vivir
firmes en la fe y unidos a tu Iglesia.
Amén.

Amós 3:1–8;4:11–12
Salmo 5:4b–6a,6b–7,8
Mateo 8:23–27

29 DE JUNIO

• SAN PEDRO Y SAN PABLO, APÓSTOLES •

*Luego [Jesús] les preguntó: "Y ustedes, ¿quién dicen que soy yo?" Simón
Pedro tomó la palabra y le dijo: "Tú eres el Mesías, el Hijo de Dios vivo".*
—MATEO 16:15–16

Pedro y Pablo son grandes pilares de la Iglesia. La forma
como fueron llamados por el Señor marcó su apostolado, y
el dinamismo de Pablo es incomparable en el cristianismo.
Pero ambos coinciden en la profundidad de su fe y en su
amor fervoroso a Cristo. Pedro dice al Señor: "Señor, tú
sabes que te amo". Pablo, por su parte, dice: "Para mí, el
vivir es Cristo". Ambos fueron mártires en Roma. Pedro en
el año 64, y Pablo en el 67.

Si Jesús me preguntara: "¿quién soy yo para ti?", ¿cómo le
respondería?

MISA VESPERTINA DE
LA VIGILIA
Hechos 3:1–10
Salmo 19:2–3,4–5
Gálatas 1:11–20
Juan 21:15–19

MISA DEL DÍA
Hechos 12:1–11
Salmo 34:2–3,4–5,6–7,8–9
2 Timoteo 4:6–8,17–18
Mateo 16:13–19

30 DE JUNIO

• LOS PRIMEROS SANTOS MÁRTIRES DE LA IGLESIA ROMANA •

En esto, trajeron a donde él [Jesús] estaba a un paralítico postrado en una camilla. Viendo Jesús la fe de aquellos hombres, le dijo al paralítico: "Ten confianza, hijo. Se te perdonan tus pecados".
—MATEO 9:2

Jesús le devuelve la esperanza al hombre. Con su acción, le dice que de parte de Dios no existe nada en su contra. A partir de ahí se da el milagro de su curación. No hay que desalentarnos. . . siempre habrá alguien que nos dé una empujadita para llegar a Jesús. Fe contra desconfianza, es el mensaje de hoy.

¡Señor, aumenta mi confianza en ti!

Amós 7:10–17
Salmo 19:8,9,10,11
Mateo 9:1–8

[Jesús dijo:] "Vayan, pues, y aprendan lo que significa: 'Yo quiero misericordia y no sacrificios'. Yo no he venido a llamar a los justos, sino a los pecadores".
—MATEO 9:13

Hay un dicho que versa así: "Obras son amores y no buenas razones". No debemos preocuparnos tanto por terminar tareas y ministerios. Si pasamos por encima de la persona, de nada valen. La misericordia está por encima de todo. Cada vez que la llevamos a cabo, agradamos al Señor.

¿Cómo podremos llevar misericordia ante la violencia y la corrupción? Pidamos al Señor que nos dé un corazón misericordioso.

Amós 8:4–6,9–12
Salmo 119:2,10,20,30,40,131
Mateo 9:9–13

[Jesús dijo a sus discípulos:] "Nadie remienda un vestido viejo con un parche de tela nueva, porque el remiendo nuevo encoge, rompe la tela vieja y así se hace luego más grande la rotura. Nadie echa el vino nuevo en odres viejos, porque los odres se rasgan, se tira el vino y se echan a perder los odres. El vino nuevo se echa en odres nuevos y así las dos cosas se conservan".

—MATEO 9:16–17

Dios nos quiere libres y nuevos. Cada día es un nuevo comienzo en la vida del cristiano. Para conservarnos en el amor de Dios debemos echar todo lo bueno y todo lo nuevo en ese corazón.

¿Cuáles son mis parches y odres viejos?

Amós 9:11–15
Salmo 85:9ab y 10,11–12,13–14
Mateo 9:14–17

Domingo

3 DE JULIO

• XIV DOMINGO DEL TIEMPO ORDINARIO •

[Jesús dijo a sus discípulos:] "Cuando entren en una casa digan: 'Que la paz reine en esta casa'. Y si allí hay gente amante de la paz, el deseo de paz de ustedes, se cumplirá; si no, no se cumplirá".
—LUCAS 10:5-7

Lo que más necesita el mundo es paz. Pero para obtenerla, hay que desearla vivamente. Para vivir en paz no se necesita mucho. En este caso, los discípulos misioneros de Jesús deben ir entusiasmados de su mismo Espíritu, sin medios materiales, animados solo con la Palabra de Dios. Pidamos al Señor que el ser humano haga espacio en su vida para recibir y abrazar la paz del Reino que tanto necesitamos.

¿Vivo en paz conmigo mismo, con los de mi casa, trabajo y sociedad?

Isaías 66:10–14c
Salmo 66:1–3,4–5,6–7,16,20 (1)
Gálatas 6:14–18
Lucas 10:1–12,17–20 o 10:1–9

La mujer pensaba: "Con sólo tocar su manto, me curaré". Jesús,
volviéndose, la miró y le dijo: "Hija, ten confianza; tu fe te ha curado".
Y en aquel mismo instante quedó curada la mujer.
—MATEO 9:21–22

Al meditar sobre el Evangelio, nos damos cuenta de las muchas enseñanzas que nos da para vivir mejor. Hoy vemos que la gente sencilla tenía inmensa fe en las curaciones de Jesús. Nunca lo habían visto, pero reconocían su autoridad. Para las autoridades religiosas, en cambio, sus milagros eran fruto del maligno. A pesar de causar diferentes reacciones, el Señor sigue haciendo el bien.

Como laicos, nuestro deber es pedir a Dios por los obispos, sacerdotes y diáconos. Roguemos para que sigan haciendo el bien.

Oseas 2:16,17b–18,21–22
Salmo 145:2–3,4–5,6–7,8–9
Mateo 9:18–26

5 DE JULIO

[Jesús dijo a sus discípulos:] "La cosecha es mucha y los trabajadores, pocos. Rueguen, por tanto, al dueño de la mies que envíe trabajadores a sus campos".
—MATEO 9:38

Oh, Jesús, Pastor eterno de las almas,
mira con ojos de misericordia
esta porción de tu grey amada.
Señor, necesitamos mayor número de sacerdotes.
Danos vocaciones,
danos sacerdotes y religiosos santos.
Danos laicos comprometidos según tu corazón.
Te lo pedimos por la Inmaculada Virgen María,
tu dulce y Santa Madre.
Amén.

Oseas 8:4–7,11–13
Salmo 115:3–4,5–6,7ab–8,9–10
Mateo 9:32–38

Miércoles

6 DE JULIO

• SANTA MARÍA GORETTI, VIRGEN Y MÁRTIR •

Estos son los nombres de los doce apóstoles: el primero de todos, Simón,
llamado Pedro, y su hermano Andrés; Santiago y su hermano Juan, hijos
de Zebedeo; Felipe y Bartolomé; Tomás y Mateo, el publicano; Santiago el
hijo de Alfeo, y Tadeo, Simón, el cananeo y Judas Iscariote, que fue
el traidor.
—MATEO 10:2–4

Los nombres de los apóstoles aparecen en pares. Este detalle
del Evangelio nos indica la importancia de llevar a cabo el
mensaje del Reino en compañía. Los apóstoles invitados por
Jesús a seguirlo provienen de diferentes familias, oficios y
condiciones sociales.

¿Cuál sería el mensaje para nosotros ahora? Todo bautizado
está comprometido a trabajar por el mensaje de la
Buena Nueva.

Oseas 10:1–3,7–8,12
Salmo 105:2–3,4–5,6–7
Mateo 10:1–7

"Mi corazón se conmueve dentro de mí
y se inflama toda mi compasión.
[. . .] pues yo soy Dios y no hombre,
yo soy el Santo que vive en ti
y no enemigo a la puerta".
—OSEAS 11:8–9

Con estas palabras del profeta Oseas queda demostrada la continua compasión de Dios hacia su pueblo. Dios es un padre amoroso preocupado siempre por las necesidades y la felicidad de cada ser humano.

Dios mío, te agradezco por vivir dentro de mí. Te invito a que seas mi mejor amigo. Te ofrezco mi voluntad y experimento tu presencia.

Oseas 11:1–4,8c–9
Salmo 80:2ac y 3b,15–16
Mateo 10:7–15

Viernes

8 DE JULIO

En aquel tiempo Jesús dijo a sus apóstoles: "Yo los envío como ovejas entre lobos. Sean, pues, precavidos como las serpientes y sencillos como las palomas".
—MATEO 10:16

Jesús sigue dando recomendaciones a sus discípulos. Anunciar la Buena Nueva les traerá grandes satisfacciones, pero a la vez será un camino lleno de peligros internos y externos que los acecharán todo el tiempo. De ahí el consejo de "precavidos como serpientes y sencillos como las palomas".

¿Soy consciente de que anunciar la Buena Nueva no es tarea fácil? ¿Soy precavido y sencillo al llevar a cabo el ministerio?

Oseas 14:2–10
Salmo 51:3–4,8–9,12–13,14 y 17
Mateo 10:16–23

Escuché entonces la voz del Señor que decía: "¿A quién enviaré? ¿Quién irá de parte mía?" Yo le respondí: "Aquí estoy, Señor. Envíame".

—ISAÍAS 6:8

Señor y Dios mío,
por mi Bautismo,
tú me has llamado a servirte.
Toca mis labios impuros,
como lo hiciste con el profeta.
Envíame a donde tú quieras que vaya,
sabiendo que por tu gracia
seré testigo tuyo hasta el final.
Amén.

Isaías 6:1–8
Salmo 93:1ab,1cd–2,5
Mateo 10:24–33

Domingo

10 DE JULIO

• XV DOMINGO DEL TIEMPO ORDINARIO •

"Escucha la voz del Señor, tu Dios, que te manda guardar sus mandamientos. [. . .] no son superiores a tus fuerzas ni están fuera de tu alcance. No están en el cielo. [. . .]. Ni tampoco están al otro lado del mar [. . .]. Por el contrario, todos mis mandamientos están muy a tu alcance, en tu boca y en tu corazón, para que puedas cumplirlos".
—DEUTERONOMIO 30:10–14

El *Catecismo de la Iglesia Católica* en el número 2083 nos dice: "Jesús resumió los deberes del ser humano para con Dios en estas palabras: Amarás al Señor tu Dios con todo tu corazón, con toda tu alma y con toda tu mente" (Mateo 22:37). Estas palabras siguen inmediatamente a la llamada solemne: "Escucha, Israel: el Señor nuestro Dios es el único Señor" (Deuteronomio 6:4).

Que el Señor Dios guíe mis pasos por la senda de sus mandamientos.

Deuteronomio 30:10–14
Salmo 69:14,17,30–31,33–34,36,37 o
19:8,9,10,11 (9a)
Colosenses 1:15–20
Lucas 10:25–37

11 DE JULIO

• SAN BENITO, ABAD •

*[Jesús dijo a sus apóstoles:] "Quien los recibe a ustedes, me recibe a mí; y
quien me recibe a mí, recibe al que me ha enviado".*
—MATEO 10:40

Hoy celebramos a san Benito. Nacido en Norcia, Italia,
estudió en Roma y se retiró a una cueva de Subiaco para
hacer una vida de oración y ayuno, anteponiendo el amor
de Dios a cualquier cosa. Se le unieron otros discípulos,
pero al cabo del tiempo Benito tuvo que mudarse a Monte
Casino. Ahí escribió su "Regla" para los conventos. Murió
en el año 547.

San Benito, ¡ruega por nosotros!

Isaías 1:10–17
Salmo 50:8–9,16bc–17,21 y 23
Mateo 10:34—11:1

En aquel tiempo, Jesús se puso a reprender a las ciudades que habían visto
numerosos milagros, por no haberse arrepentido.
—MATEO 11:20

Yo confieso ante Dios todopoderoso
y ante ustedes, hermanos,
que he pecado mucho
de pensamiento, palabra, obra y omisión.
Por mi culpa, por mi culpa, por mi gran culpa.
Por eso ruego a santa María, siempre Virgen,
a los ángeles, a los santos
y a ustedes, hermanos,
que intercedan por mí ante Dios,
nuestro Señor.
Amén.

Isaías 7:1–9
Salmo 48:2–3a,3b–4,5–6,7–8
Mateo 11:20–24

En aquel tiempo, Jesús exclamó: "¡Te doy gracias, Padre, Señor, del cielo y de la tierra, porque has escondido estas cosas a los sabios y entendidos, y las has revelado a la gente sencilla! Gracias, Padre, porque así te ha parecido bien".
—MATEO 11:25

Los sencillos son los que acogen la palabra de Dios sin reservas. Su corazón se abre como manantial de ríos de agua viva al aceptarla. ¿Por qué será que los sencillos reciben la Palabra con más facilidad?

Hoy, analicemos cuidadosamente cómo anda aquello de la soberbia y la autosuficiencia en nuestro interior.

Señor,
dame humildad y sencillez para encontrarte.
¡Que seas tú mi seguridad!
Amén.

Isaías 10:5–7,13b–16
Salmo 94:5–6,7–8,9–10,14–15
Mateo 11:25–27

14 DE JULIO

• SANTA CATALINA TEKAKWITHA, VIRGEN •

"Vengan a mí, todos los que están fatigados y agobiados por la carga, y yo los aliviaré".
—MATEO 11:28

Los frutos del Espíritu son perfecciones que forma en nosotros el Espíritu Santo como primicias de la gloria eterna. La tradición de la Iglesia enumera doce: caridad, gozo, paciencia, longanimidad, bondad, benignidad, mansedumbre, fidelidad, modestia, continencia y castidad.

¿Cuál de estos frutos son ya parte de mi vida? ¿Cuáles debo poner en práctica de inmediato? Jesús nos da la pauta para obtener estos frutos del Espíritu acercándonos a él.

Isaías 26:7–9,12,16–19
Salmo 102:13–14ab y 15,16–18,19–21
Mateo 11:28–30

Viernes

15 DE JULIO

[Los fariseos dijeron a Jesús:] "Tus discípulos están haciendo algo que no está permitido hacer en sábado".
—MATEO 12:2

Los fariseos tenían una actitud hipócrita; acusaban a unos de hacer lo que ellos mismos condenaban en otros. ¿Cuál es mi respuesta ante las diversas actitudes de los demás, como la de Jesús o la de los fariseos?

Te suplicamos, Dios nuestro,
que al celebrar la fiesta de san Buenaventura
podamos por su intercesión y a ejemplo suyo,
profundizar cada día más en tus enseñanzas.
Amén.

Isaías 38:1–6,21–22,7–8
Salmo 38:10,11,12abcd,16
Mateo 12:1–8

Miren a mi siervo, a quien sostengo;
a mi elegido, en quien tengo mis complacencias.
En él he puesto mi Espíritu,
para que haga brillar la justicia sobre las naciones.
No gritará ni clamará,
no hará oír su voz en las plazas,
no romperá la caña resquebrajada,
ni apagará la mecha que aún humea,
hasta que haga triunfar la justicia sobre la tierra;
y en él pondrán todas las naciones su esperanza.
—MATEO 12:18–21

Nuestra Señora del Carmen, ¡ruega por nosotros!

Miqueas 2:1–5
Salmo 10:1–2,3–4,7–8,14
Mateo 12:14–21

El Señor le respondió: "Marta, Marta, muchas cosas te preocupan y te inquietan, siendo así que una sola es necesaria. María escogió la mejor parte y nadie se la quitará".
—LUCAS 10:41–42

Somos esclavos del reloj. Nuestras actividades y prisas no nos dejan tiempo para dedicar un rato al silencio y sentarnos en paz a orar a los pies del Señor. Aunque sea por un momento, ir a la iglesia y visitar al Santísimo. ¡Imposible, estamos muy ocupados! ¡Pero cuánto bien nos haría esta visita!

Señor, ayúdame a saber equilibrar la oración y el trabajo. Que mis preocupaciones de todos los días no me impidan escuchar tu Palabra y estar junto a ti.

Génesis 18:1–10a
Salmo 15:2–3,3–4,5 (1a)
Colosenses 1:24–28
Lucas 10:38–42

18 DE JULIO

[Jesús respondió a los escribas y fariseos:] "Esta gente malvada e infiel está reclamando una señal, pero la única señal que se la dará, será la del profeta Jonás. Pues de la misma manera que Jonás estuvo tres días y tres noches en el vientre de la ballena, así también el Hijo del hombre estará tres días y tres noches en el seno de la tierra".

—MATEO 12:39–40

Señor mío y Dios mío,
ayúdame a comprender tu Palabra.
Que mi corazón y mente
no se cierren a tu sabiduría.
Que a pesar de mis debilidades,
sea capaz de ser fiel a las enseñanzas
y a la tradición de la Iglesia.
Amén.

Miqueas 6:1–4,6–8
Salmo 50:5–6,8–9,16bc–17,21 y 23
Mateo 12:38–42

19 DE JULIO

"Pues todo el que cumple la voluntad de mi Padre, que está en los cielos, ése es mi hermano, mi hermana y mi madre".
—MATEO 12:50

No es que Jesús rechace a su familia de sangre, sino que quiere mostrarnos el nuevo lazo familiar divino entre él y sus discípulos. Cumplir la voluntad del Padre es lo que nos hace merecedores de pertenecer a la familia de Dios.

Señor, ayúdame, a cumplir tu voluntad aunque a veces me cueste. Que merezca llamarme hermano tuyo.

Miqueas 7:14–15,18–20
Salmo 85:2–4,5–6,7–8
Mateo 12:46–50

Miércoles

20 DE JULIO

• SAN APOLINAR, OBISPO Y MÁRTIR •

En tiempo de Josías, el Señor me dirigió estas palabras:
"Desde antes de formarte en el seno materno, te conozco;
desde antes de que nacieras,
te consagré como profeta para las naciones".
—JEREMÍAS 1:4–5

Jeremías tenía miedo de aceptar su llamado a profetizar porque era muy joven. El Santo Padre Juan Pablo II decía a los jóvenes: "La vocación consiste en ser amigos de Cristo, sus discípulos, centinelas de la mañana". Dios nos conoce bien a fondo, sabe de nuestras debilidades y fracasos. Sin embargo, nos da su gracia para salir adelante.

¿Qué trabas pongo al Señor para no aceptar su invitación? ¿Cómo llevo a cabo mi vocación cristiana?

Jeremías 1:1,4–10
Salmo 71:1–2,3–4a,5–6ab,15 y 17
Mateo 13:1–9

Jueves

21 DE JULIO

• SAN LORENZO DE BRINDISI, PRESBÍTERO Y DOCTOR DE LA IGLESIA •

[Jesús dijo a sus discípulos:] "Dichosos ustedes, porque sus ojos ven y sus oídos oyen. Yo les aseguro que muchos profetas y muchos justos desearon ver lo que ustedes ven y no lo vieron y oír lo que ustedes oyen, y no lo oyeron".
—MATEO 13:16–17

Dios,
fuente de amor,
te damos gracias
por tu bondad y misericordia.
Concédenos vivir el espíritu
de prudencia y fortaleza de san Lorenzo.
Para verte y escucharte en la
misión que nos has encomendado.
Amén.

Jeremías 2:1–3,7–8,12–13
Salmo 36:6–7ab,8–9,10–11
Mateo 13:10–17

22 DE JULIO

• SANTA MARÍA MAGDALENA •

[Jesús le dijo:] "¡María!" Ella se volvió y exclamó: "¡Rabbuni!", que en hebreo significa "maestro". Jesús le dijo: "Déjame ya, porque todavía no he subido al Padre. Ve a decir a mis hermanos: 'Subo a mi Padre y su Padre, a mi Dios y su Dios'".
—JUAN 20:16—17

"¿Qué has visto de camino,
María, en la mañana?"
"A mi Señor glorioso,
la tumba abandonada,
los ángeles testigos,
sudarios y mortaja.
¡Resucitó de veras
mi amor y mi esperanza!"
Amén.

Santa María Magdalena, primera discípula del Señor, ¡ruega por nosotros!

Jeremías 3:14—17
Salmo 31:10,11—12abcd,13
Juan 20:1—2,11—18

23 DE JULIO

• SANTA BRÍGIDA DE SUECIA, RELIGIOSA •

*Esto dice el Señor de los ejércitos, el Dios de Israel: "Corrijan su conducta y
sus intenciones, y viviré con ustedes en este lugar".*
—JEREMÍAS 7:3

La palabra del profeta Jeremías sobre la seguridad en el
templo nos hace pensar que no basta con tener imágenes y
objetos bonitos en ellos y saber rezar novenas y rosarios. Lo
que verdaderamente ayuda a estar cerca de Dios es cambiar
de conducta y hacer buenas obras.

Señor, que a ejemplo de santa Brígida,
sepa unirme a ti con todo mi ser.
Que mis intenciones de servirte en los demás
sean honestas y puras.
Amén.

Jeremías 7:1–11
Salmo 84:3,4,5–6a,8a,11
Mateo 13:24–30

[Jesús dijo a sus discípulos:] "Pidan y se les dará, busquen y encontrarán,
toquen y se les abrirá. Porque el que pide, recibe; quien busca, encuentra, y
el que toca, se le abre".
—LUCAS 11:9–10

Hoy en día hay un sinnúmero de expresiones religiosas que nos invitan a orar. Muchas de ellas ni siquiera tienen sentido cristiano. Jesús nos da varias formas para orar y este domingo nos enseña la oración por excelencia:

Padre, santificado sea tu nombre,
venga tu Reino,
danos hoy nuestro pan de cada día
y perdona nuestras ofensas,
puesto que también nosotros perdonamos
a todo aquel que nos ofende,
y no nos dejes caer en tentación.
Amén.

Génesis 18:20–32
Salmo 138:1–2,2–3,6–7,7–8 (3a)
Colosenses 2:12–14
Lucas 11:1–13

Llevamos este tesoro en vasijas de barro, para que se vea que esta fuerza tan extraordinaria proviene de Dios y no de nosotros mismos. Por eso sufrimos toda clase de pruebas, pero no nos angustiamos.

—2 CORINTIOS 4:7–8

Hoy celebramos la fiesta del apóstol Santiago, hijo de Zebedeo, hermano de Juan y compañero de Pedro y Andrés. Antes de seguir a Jesús eran pescadores en el lago Genesaret que se habían acercado a Juan el Bautista para escucharlo. Junto con Pedro y Juan, Santiago fue testigo de la transfiguración y de la agonía del Señor. Entre el año 43 y 44, Herodes Agripa I lo mandó decapitar.

Santiago, apóstol del Señor, ¡ruega por nosotros!

2 Corintios 4:7–15
Salmo 126:1bc–2ab,2cd–3,4–5,6
Mateo 20:20–28

26 DE JULIO

*Tú solo, Señor y Dios nuestro, haces todas estas cosas, / por eso en ti
tenemos puesta nuestra esperanza.*
—JEREMÍAS 14:22

Oremos, pidiendo a san Joaquín y santa Ana, que nos
acerquen a la Virgen María y a su Hijo Jesús.

Benditos sean san Joaquín y santa Ana,
porque fueron los padres de la Virgen María;
por ella nos ha venido la Salvación
prometida a todas las naciones.
Amén.

Jeremías 14:17–22
Salmo 79:8,9,11 y 13
Mateo 13:36–43

Miércoles
27 DE JULIO

[Jesús dijo a la multitud:] "El Reino de los cielos se parece a un tesoro escondido en el campo. El que lo encuentra lo vuelve a esconder y, lleno de alegría, va vende cuanto tiene y compra aquel campo".
—MATEO 13:44

El Evangelio de hoy nos invita a estar atentos, para llegado el momento, optar siempre por lo más valioso. Aunque esto implique desprendernos de muchas cosas.

San Ignacio de Loyola dejó este consejo espiritual: "Cuanto más se une el alma a Dios y se muestra generosa ante él, más apta se vuelve para recibir gracias y dones espirituales en abundancia".

¿Qué valor tienen todos mis logros? ¿Cuáles son mis objetivos? ¿Dónde está el Reino de Dios en todo esto?

Jeremías 15:10,16–21
Salmo 59:2–3,4,10–11,17,18
Mateo 13:44–46

[Dios dijo a Jeremías:] "Ve a la casa del alfarero y ahí te haré oír mis palabras". Fui, pues, a la casa del alfarero y lo hallé trabajando en el torno. Cuando se le estropeaba la vasija que estaba modelando, volvía a hacer otra con el mismo barro, como mejor le parecía.
—JEREMÍAS 18:1–4

Imagen de nuestra vida es esta visita que el profeta hace a la casa del alfarero. Dios es el alfarero y dueño absoluto que conduce la vida de todos. Nosotros somos el barro, que se rompe y vuelve a ser formado. Somos moldeados por Dios en cada experiencia de la vida, desde el vientre materno hasta el fin de nuestra vida. ¿Entendemos esto? No estamos solos; Dios es el alfarero fiel en nuestra jornada.

Jeremías 18:1–6
Salmo 146:1b–2,3–4,5–6ab
Mateo 13:47–53

[Jesús dijo:] "Yo soy la resurrección y la vida. El que cree en mí, no morirá para siempre. ¿Crees tú esto?" Ella contestó: "Sí, creo firmemente que tú eres el Mesías, el Hijo de Dios, el que tenía que venir al mundo".
—JUAN 11:25–27

Marta siempre conservó la esperanza de que Jesús hiciera algo por su hermano Lázaro. Su nombre aparece tres veces en el Evangelio: en Betania, cuando junto con su hermana María recibe al Señor en su casa; en la resurrección de su hermano Lázaro, cuando ella profesa su fe en Jesús; y en el banquete ofrecido a Jesús seis días antes de la Pascua. Ella fue una gran ama de casa.

Santa Marta, amiga del Señor, ¡ruega por nosotros!

Jeremías 26:1–9
Salmo 69:5,8–10,14
Juan 11:19–27 o Lucas 10:38–42

*Después, vinieron los discípulos de Juan, recogieron el cuerpo, lo sepultaron
y luego fueron a avisarle a Jesús.*
—MATEO 14:12

Juan el Bautista es el último profeta del Antiguo Testamento.
Habló abiertamente a los gobernantes de su tiempo
reclamando un cambio de vida y de comportamiento.
Herodes le tenía respeto, pero a causa de su mujer lo mandó
matar. Herodes creyó que Juan se había reencarnado en
Jesús. La predicación del Reino de Dios tiene estos
escenarios. No es cosa fácil de entender, ya que existe
mucha confusión y duda entre la gente.

¿Cómo me cuestiona la Palabra de Dios hoy? ¿Qué impide
una verdadera conversión personal y comunitaria?

Jeremías 26:11–16,24
Salmo 69:15–16,30–31,33–34
Mateo 14:1–12

"Pero Dios le dijo: '¡Insensato! Esta misma noche vas a morir. ¿Para quién serán todos tus bienes?' Lo mismo le pasa al que amontona riquezas para sí mismo y no se hace rico de lo que vale ante Dios".
—LUCAS 12:20–21

Hoy es la Fiesta de san Ignacio de Loyola, quien entendió muy bien este mensaje de Jesús. Él supo que las riquezas acumuladas, sin ser compartidas, no se llevan con los bienes morales. Las riquezas dan seguridad aparente, pero son pasajeras. Es por eso que Jesús no se involucró de juez de herencias. Ante Dios es rico el que comparte sus bienes con los necesitados. Como discípulos de Jesús, debemos centrar las energías en el Reino.

¿Cómo distribuyo mis bienes con los demás? Señor, dame un corazón generoso y desprendido para gozar del cielo desde aquí en la tierra.

Eclesiastés 1:2;2:21–23
Salmo 90:3–4,5–6,12–13,14,17 (1)
Colosenses 3:1–5,9–11
Lucas 12:13–21

Se acercaron sus discípulos a decirle: "Estamos en despoblado y empieza a oscurecer. Despide a la gente para que vayan a los caseríos y compren algo de comer". Pero Jesús les replicó: "No hace falta que se vayan. Denles ustedes de comer".

—MATEO 14:15–16

Humanamente hablando era imposible alimentar a tanta gente. Fue la colaboración generosa de unos cuantos lo que hizo posible el milagro de la multiplicación de los panes. Dar sin esperar ser recompensados, llenar canastos de amor con lo que sobra. Trabajar para que termine la pobreza, la guerra y el hambre en el mundo. El papa Francisco nos lo explica así: "Salgan, no solo vean desde el balcón de la casa".

¡Ese es el reto! ¿Cómo lo lograré?

Jeremías 28:1–17
Salmo 119:29,43,79,80,95,102
Mateo 14:13–21

• SAN EUSEBIO DE VERCELLI, OBISPO • SAN PEDRO JULIÁN EYMARD,
PRESBÍTERO •

*En cuanto subieron a la barca, el viento se calmó. Los que estaban en la
barca se postraron ante Jesús, diciendo: "Verdaderamente tú eres el
Hijo de Dios".*
—MATEO 14:32–33

Señor Jesús,
calma los vientos de mi vida
con tu amor protector.
Dame la seguridad de que
tu mano salvadora me rescatará.
Que en cualquier circunstancia
que viva en mi jornada,
reconozca que tú eres el Hijo de Dios.
Amén.

Jeremías 30:1–2,12–15,18–22
Salmo 102:16–18,19–21,29 y 22–23
Mateo 14:22–36 o 15:1–2,10–14

Entonces Jesús le respondió: "Mujer, ¡qué grande es tu fe! Que se cumpla lo que deseas". Y en aquel mismo instante quedó curada su hija.
—MATEO 15:28

La mujer es firme en su propósito de que Jesús cure a su hija. Por eso pide compasión para su hija y para ella. Al hacerlo, también ayuda a ver que los paganos también merecen el Reino de Dios. La fe de esta madre angustiada mueve la compasión y el diálogo entre ella y Jesús.

¿Confío mis angustias al Señor? ¿Le ruego con fe? ¿Dialogo con él?

Jeremías 31:1–7
Salmo 31:10,11–12ab,13
Mateo 15:21–28

Jueves

4 DE AGOSTO

• SAN JUAN MARÍA VIANNEY, PRESBÍTERO •

[Jesús preguntó a sus discípulos:] "Y ustedes, ¿Quién dicen que soy yo?"
Simón Pedro tomó la palabra y le dijo: "Tú eres el Mesías,
el Hijo de Dios vivo".
—MATEO 16:15–16

Mi Señor,
muy a menudo
me veo reflejado en Pedro.
Veo mis debilidades
cuando confío solo en mí
y en mis propias fuerzas,
y dejo de mirarte a ti.
Ayúdame a ver que tú eres
el único que puede salvarnos.
Que sepa contestar
cuando me preguntes:
"¿Quién eres tú para mí?".
Amén.

Jeremías 31:31–34
Salmo 51:12–13,14–15,18–19
Mateo 16:13–23

[Jesús dijo a sus discípulos:] "¿De qué le sirve a uno ganar el mundo entero, si pierde su vida? ¿Y qué podrá dar uno a cambio para recobrarla?"
—MATEO 16:26

Seguir a Cristo trae consigo tres cosas importantes. Primero, perder la vida haciendo el bien y renunciar a uno mismo para servir a los demás. Segundo, saber que al entregar la vida al servicio de otros, no se pierde sino que por el contrario se gana. Tercero, saber que de nada sirve haber dado la vida misma solo con el interés de obtener poder. El discipulado exige consecuencias concretas.

¿Estoy dispuesto a dedicar mi vida al servicio de los demás?

Nahum 2:1,3,3:1–3,6–7
Salmo 32:35cd–36ab,39abcd,41
Mateo 16:24–28

No había terminado de hablar, cuando se formó una nube que los cubrió; y ellos, al verse envueltos por la nube, se llenaron de miedo. De la nube salió una voz que decía: "Este es mi Hijo, mi escogido; escúchenlo".
—LUCAS 9:34–35

De esta forma, Jesús ayuda a sus discípulos a ver cuál era su verdadera identidad. Esta es la única manera de que entendieran su divinidad. Así su sufrimiento y muerte en la cruz no serían un fracaso. Pedro, Santiago y Juan lo entendieron después de la Resurrección. La fiesta de la Transfiguración nos debe llevar a ver qué tan cerca estamos de Dios en nuestra vida y confiar en lo que los apóstoles nos han enseñado.

Daniel 7:9–10,13–14
Salmo 97:1–2,5–6,9
2 Pedro 1:16–19
Lucas 9:28b–36

Domingo

7 DE AGOSTO

• XIX DOMINGO DEL TIEMPO ORDINARIO •

"Al que mucho se le da, se le exigirá mucho, y al que mucho se le confía, se le exigirá mucho más".
—LUCAS 12:48

Con frecuencia nos preguntamos: "¿Por qué mi hermano tiene más bienes que yo?". "¿Por qué espiritualmente le va mejor a un compañero de la comunidad que a mí?". Así se nos pasa el tiempo perdiendo el verdadero mensaje del Evangelio. "¡Estén listos!", nos dice el Señor. Con su lámpara encendida y los ojos abiertos. Con su fe bien puesta en lo que se les ha confiado.

¿Qué es lo que tengo de más? ¿Dónde se me exigirá? ¿Soy consciente de la confianza que Dios ha depositado en mí?

Sabiduría 18:6–9
Salmo 33:1,12,18–19,20–22 (12b)
Hebreos 11:1–2,8–19 o 11:1–2,8–12
Lucas 12:32–48 o 12:35–40

[Jesús dijo a Pedro:] "Ve al lago y echa el anzuelo, saca el primer pez que pique, ábrele la boca y encontrarás una moneda. Tómala y paga por mí y por ti".
—MATEO 17:27

Una vez más, Pedro debe cumplir una petición especial de parte de Jesús: sacar la moneda de la boca del pez y pagar el impuesto por los dos. Ese impuesto, que debían pagar todos los judíos al templo, era llamado didracma. ¡Con cuánto gusto y gozo debió cumplir Pedro lo que su maestro le pedía!

¿Cómo cumplo los favores que Jesús me pide? Señor, dame la alegría de servirte con eficacia y prontitud.

Ezequiel 1:2–5,24–28c
Salmo 148:1–2,11–12,13,14
Mateo 17:22–27

En cierta ocasión, los discípulos se acercaron a Jesús y le preguntaron:
"¿Quién es el más grande en el Reino de los cielos?" Jesús llamó a un niño,
lo puso en medio de ellos y les dijo: "Yo les aseguro a ustedes que si no
cambian y no se hacen como los niños, no entrarán en el Reino de
los cielos".
—MATEO 18:1–3

El más importante en el Reino es el menos importante ante los ojos del mundo. Es el más vulnerable, el que necesita de los demás, el que no ambiciona el poder.

En la sociedad actual, ¿a quién podemos llamar pequeño? ¿Quién es mi modelo a seguir? ¿Ambiciono poder y riquezas terrenales? ¿Cómo puedo hacerme más importante ante los ojos de Dios y menos importante ante los ojos del mundo?

Ezequiel 2:8—3:4
Salmo 119:14,24,72,103,111,131
Mateo 18:1–5,10,12–14

*"Yo les aseguro que si el grano de trigo sembrado en la tierra, no muere,
queda infecundo; pero si muere, producirá mucho fruto".*
—JUAN 12:24

San Lorenzo fue un diácono de la iglesia de Roma, martirizado en la persecución del emperador Valeriano. Oraba diciendo: "Te doy gracias, Señor, porque me abres las puertas de tu Reino; mi alma está unida a ti, porque mi cuerpo ha sido quemado por ti, Dios mío". Fiel al servicio del Señor, alcanzó la gloria en el martirio en el siglo III.

Señor, ayúdame a morir en todo lo que me estorbe para llegar a ti y de esa forma dar frutos abundantes por el bien de mi familia, comunidad y sociedad.

2 Corintios 9:6–10
Salmo 112:1–2,5–6,7–8,9
Juan 12:24–26

Pedro se acercó a Jesús y le preguntó: "Si mi hermano me ofende, ¿cuántas veces tengo que perdonarlo? ¿Hasta siete veces?" Jesús le contestó: "No sólo hasta siete, sino hasta setenta veces siete".
—MATEO 18:21–22

Perdonar es difícil, me decía un catequista parroquial. ¿Cómo podemos tener compasión cuando nos ofenden? ¿Cómo hacerlo cuando nos ofenden más de una vez? Me quedé sin palabras, pero me vino a la mente Jesús con sus brazos abiertos muriendo en la cruz. Entonces le contesté: "Cristo en su brazo derecho abraza al que ofende y en su izquierdo al ofendido. Luego los lleva en un abrazo hasta su corazón".

Padre nuestro, perdona nuestras ofensas como también nosotros perdonamos a los que nos ofenden. ¡Hasta setenta veces siete!

Ezequiel 12:1–12
Salmo 78:56–57,58–59,61–62
Mateo 18:21—19:1

12 DE AGOSTO

Por la dureza de su corazón, Moisés les permitió divorciarse de sus esposas;
pero al principio no fue así.
—MATEO 19:8

El divorcio es un tema candente desde los tiempos de Jesús. En nuestros tiempos sigue siendo un reto para todo matrimonio, así como para los solteros de las generaciones modernas. Dedicamos la vida al trabajo, a la profesión o al ministerio. Pero al compromiso de la pareja y a la familia, muy poco. "Que lo comprenda aquel que pueda comprenderlo".

Ezequiel 16:1–15,60,63 o 16:59–63
Salmo 12:2–3,4bcd,5–6
Mateo 19:3–12

Arrepiéntanse de todas las infidelidades que han cometido, estrenen un corazón nuevo y un espíritu nuevo y así no morirán, pues yo no quiero que nadie muera, dice el Señor Dios. Arrepiéntanse y vivirán.

—EZEQUIEL 18:31–32

Tan fácil que se dice, pero tan difícil de poner en práctica. ¡Arrepentirse! ¿Pero de qué? No robamos, no matamos, no cometemos pecados capitales. Pero en cambio, sí somos muchas veces unos cristianos adormecidos que no hacemos nada por los demás. Dios nos invita a tener un corazón y un espíritu nuevo que nos lleve a vivir mejor. Ser nuevos significa compromiso y entrega. Y eso solo se obtiene pidiendo la gracia de Dios para un arrepentimiento verdadero.

Ezequiel 18:1–10,13b,30–32
Salmo 51:12–13,14–15,18–19
Mateo 19:13–15

14 DE AGOSTO

• XX DOMINGO DEL TIEMPO ORDINARIO •

Jesús dijo a sus discípulos: "He venido a traer fuego a la tierra ¡y cuánto desearía que ya estuviera ardiendo! Tengo que recibir un bautismo ¡y cómo me angustio mientras llega!"
—LUCAS 12:49

Las palabras de Jesús de seguro dejaron mudos a sus oyentes. Habla de fuego, divisiones y enfrentamientos, incluso dentro de la misma familia. ¿Qué significan estas palabras? ¿Cómo aplicarlas a nuestro tiempo?

> Señor de vida,
> ayúdanos a entender tus palabras,
> como lo hizo san Maximiliano María Kolbe,
> quien dio la vida por su hermano.
> Enciende en nosotros el fuego de tu amor,
> para que trabajemos intensamente
> por el bien los demás.
> Amén.

Jeremías 38:4–6,8–10
Salmo 40:2,3,4,18 (14b)
Hebreos 12:1–4
Lucas 12:49–53

Lunes

15 DE AGOSTO

• ASUNCIÓN DE LA SANTÍSIMA VIRGEN MARÍA •

Se abrió el templo de Dios en el cielo y dentro de él se vio el arca de la alianza. Apareció entonces en el cielo una figura prodigiosa: una mujer envuelta por el sol, con la luna bajo sus pies y una corona de doce estrellas en la cabeza.

—APOCALIPSIS 11:19, 12:1

Madre del Redentor, virgen fecunda,
puerta del cielo siempre abierta,
estrella del mar,
ven a librar al pueblo que tropieza
y quiere levantarse.
Ante la admiración de cielo y tierra
engendraste a tu santo Creador,
y permaneces siempre virgen.
Amén.

Santa María de la Asunción, ¡ruega por nosotros!

MISA VESPERTINA DE
LA VIGILIA
1 Crónicas15:3–4,15–16;16:1–2
Salmo 132:6–7,9–10,13–14
1 Corintios 15:54b–57
Lucas 11:27–28

MISA DEL DÍA
Apocalipsis 11:19a;12:1–6a,10ab
Salmo 45:10,11,12,16
1 Corintios 15:20–27
Lucas 1:39–56

16 DE AGOSTO

• SAN ESTEBAN DE HUNGRÍA •

*Y todo aquel que por mí haya dejado casa, o hermanos o hermanas, o
padre o madre, o esposa o hijos, o propiedades, recibirá cien veces más y
heredará la vida eterna.*

—MATEO 19:29

Concédenos, Señor,
ser fieles a la fe y a la Iglesia.
Que ninguna condición humana nos ate,
para poder seguirte y heredar la vida eterna.
Amén.

San Esteban de Hungría, ¡ruega por nosotros!

Ezequiel 28:1–10
Deuteronomio 32:26–27ab,27cd–28,30,35cd–36ab
Mateo 19:23–30

17 DE AGOSTO

¿Que no puedo hacer con lo mío lo que yo quiero? ¿O vas a tenerme rencor porque soy bueno?
—MATEO 20:15

Definitivamente las matemáticas no cuadran en la parábola de hoy. La lógica diría que los que trabajan más deben recibir más salario que los que comienzan al último momento. Pero el dueño de la viña es justo con todos y paga por igual. De ahí precisamente parte el disgusto de los primeros trabajadores. El dueño aclara la situación. Nadie que quiera trabajar en su viña a cualquier hora de buen modo y con ganas, quedará sin recompensa.

¿Con qué trabajadores me identifico? ¿Con los primeros o con los últimos? Señor, hazme buen trabajador de tu viña.

Ezequiel 34:1–11
Salmo 23:1–3a,3b–4,5,6
Mateo 20:1–16

18 DE AGOSTO

"Les daré un corazón nuevo y les infundiré un espíritu nuevo; arrancaré de ustedes el corazón de piedra y les daré un corazón de carne".
—EZEQUIEL 36:26

El papa Francisco nos dice en su exhortación apostólica *La alegría del Evangelio*, número 99, lo siguiente: "El mundo está lacerado por las guerras y la violencia, o herido por un difuso individualismo que divide a los seres humanos y los enfrenta unos contra otros en pos del propio bienestar".

Pidamos al Señor la gracia de alegrarnos con los frutos de un corazón puro para darnos aliento y acompañarnos mutuamente.

Ezequiel 36:23–28
Salmo 51:12–13,14–15,18–19
Mateo 22:1–14

Viernes

19 DE AGOSTO

• SAN JUAN EUDES, PRESBÍTERO •

"Maestro, ¿cuál es el mandamiento más grande de la ley?" Jesús le respondió: "'Amarás al Señor, tu Dios con todo el corazón, con toda tu alma y con toda tu mente'. Este es el más grande y el primero de los mandamientos. Y el segundo es semejante a éste: 'Amarás a tu prójimo como a ti mismo'. En estos dos mandamientos se fundan toda la ley y los profetas".

—MATEO 22:37–40

Desde siempre y para siempre estos dos mandamientos deberían regir nuestra vida. El mundo sería diferente si entre naciones, ciudades y pueblos los practicáramos asiduamente. La mente, el corazón y la voluntad están involucrados. En esto se resumen la ley y los profetas.

Ezequiel 37:1–14
Salmo 107:2–3,4–5,6–7,8–9
Mateo 22:34–40

[Jesús dijo:] "El guía de ustedes es solamente Cristo. Que el mayor de entre ustedes sea su servidor, porque el que se enaltece será humillado y el que se humilla será enaltecido".
—MATEO 23:10–12

¿Es Cristo mi guía y mi maestro?

¿Soy discípulo o creyente de Cristo?

¿Soy humilde y sencillo en el servicio que presto a los demás?

Ezequiel 43:1–7a
Salmo 85:9ab y 10,11–12,13–14
Mateo 23:1–12

*Jesús le respondió: "Esfuércense por entrar por la puerta, que es angosta,
pues yo les aseguro que muchos tratarán de entrar y no podrán".*
—LUCAS 13:24

Jesús responde así a la pregunta de "¿es verdad que son
pocos los que se salvan?". De este modo clarifica la
responsabilidad personal de cada uno de nosotros. La puerta
angosta es imagen de la entrada del Reino, que en sí, es la
opción preferencial del Evangelio y de la persona de Jesús.
Fijémonos, no obstante, que Jesús no responde a la pregunta
de "¿cuántos se salvan?". Más bien, nos invita a llevar una
vida coherente.

Isaías 66:18–21
Salmo 117:1,2
Hebreos 12:5–7,11–13
Lucas 13:22–30

22 DE AGOSTO

Así glorificarán a nuestro Señor Jesús y él los glorificará a ustedes en la medida en que actúe en ustedes la gracia de nuestro Dios y de Jesucristo, el Señor.
—2 TESALONICENSES 1:12

Hoy celebramos a María Reina, que en cuerpo y alma gloriosa aparece en la Asunción como el logro supremo de la redención. Pero ella, que es toda hermosa, también es todopoderosa, pues es la madre de aquel "cuyo Reino no tendrá fin". Por ese motivo, desde hace muchos siglos el pueblo cristiano la aclama como Reina suya, soberana y medianera de la gracia.

Santa María Reina, ¡ruega por nosotros!

2 Tesalonicenses 1:1–5,11–12
Salmo 96:1–2a,2b–3,4–5
Mateo 23:13–22

23 DE AGOSTO

• SANTA ROSA DE LIMA, VIRGEN, PATRONA DE AMÉRICA LATINA •

Que el mismo Señor nuestro, Jesucristo, y nuestro Padre Dios, que nos ha amado y nos ha dado gratuitamente un consuelo eterno y una feliz esperanza, conforten los corazones de ustedes y los dispongan a toda clase de obras buenas y de buenas palabras.
—2 TESALONICENSES 2:16–17

Alegrémonos todos en el Señor
en la fiesta de santa Rosa de Lima,
nuestra patrona y protectora.
Que siguiendo su ejemplo,
seamos fieles a Dios
con buenas obras y buenas palabras
para llegar al cielo como ella
y alabar a Cristo eternamente.
Amén.

2 Tesalonicenses 2:1–3a,14–17
Salmo 96:10,11–12,13
Mateo 23:23–26

24 DE AGOSTO

• SAN BARTOLOMÉ, APÓSTOL •

"¿Acaso puede salir de Nazaret, algo bueno?" Felipe le contestó:
"Ven y lo verás".
—JUAN 1:46

Bartolomé, llamado también Natanael, era oriundo de Caná de Galilea. Felipe se lo presentó a Jesús en la ribera del río Jordán. Es parte del grupo de los doce apóstoles. Después de Pentecostés, no tenemos noticias certeras sobre la actividad apostólica de Bartolomé.

Señor, dame iniciativa para aceptar tu invitación de ir a ver y conocer el lugar donde vives en nuestro tiempo. ¿Quizá dentro de mi familia? ¿Quizá allá afuera con los más necesitados? ¡Aquí estoy, indícame dónde!

Apocalipsis 21:9b–14
Salmo 145:10–11,12–13,17–18
Juan 1:45–51

25 DE AGOSTO

[Jesús dijo a sus discípulos:] "Dichoso ese servidor, si al regresar su amo, lo encuentra cumpliendo con su deber. Yo les aseguro que le encargará la administración de todos sus bienes".

—MATEO 24:45–47

Oh Dios,
danos la dicha de ser responsables,
que cumplamos las tareas terrenales
que nos has encomendado,
para animar y ayudar
en la formación y transformación
de las personas a nuestro cuidado.
Amén.

1 Corintios 1:1–9
Salmo 145:2–3,4–5,6–7
Mateo 24:42–51

26 DE AGOSTO

En efecto, la predicación de la cruz es una locura para los que van por el camino de la perdición; en cambio, para los que van por el camino de la salvación, para nosotros, es fuerza de Dios. Por eso dice la Escritura: "Anularé la sabiduría de los sabios e inutilizaré la inteligencia de los inteligentes".
—1 CORINTIOS 1:18–19

Con la Señal de la Cruz fuimos marcados el día de nuestro Bautismo. Por esta señal pertenecemos a la familia de Dios, somos hermanos y hermanas de Jesucristo y herederos del cielo. Con devoción, oremos con el persignado:

> Por la señal de la Santa Cruz,
> de nuestros enemigos,
> líbranos, Señor, Dios nuestro.
> En el nombre del Padre,
> y del Hijo y del Espíritu Santo.
> Amén.

1 Corintios 1:17–25
Salmo 33:1–2,4–5,10–11
Mateo 25:1–13

"Puesto que has sido fiel en cosas de poco valor, te confiaré cosas de mucho valor. Entra a tomar parte en la alegría de tu Señor".
—MATEO 25:23

Todos recibimos talentos. Cada uno recibe talentos diferentes, pero todos tenemos la misma posibilidad de hacer crecer lo que se nos ha confiado. A la hora de rendir cuentas solo se exige lo relacionado con lo que se ha entregado. Aquí lo importante es saber el significado de lo que recibimos, ya sean cualidades, oportunidades, años de experiencia, capacidad o bienes materiales.

¿Escondo los dones que se me han confiado? ¿O me esmero por hacerlos crecer?

1 Corintios 1:26–31
Salmo 33:12–13,18–19,20–21
Mateo 25:14–30

Hijo mío, en tus asuntos procede con humildad
y te amarán más que al hombre dadivoso.
Hazte tanto más pequeño cuanto más grande seas
y hallarás gracias ante el Señor.
—ECLESIÁSTICO (SIRÁCIDE) 3:17–18

Dios misericordioso,
de quien procede todo lo bueno,
nútrenos con tu amor y acércanos más a ti
a fin de que podamos crecer en humildad
y perseveremos en ella.
Por nuestro Señor Jesucristo.
Amén.

Eclesiástico (Sirácide) 3:17–18,20,28–29
Salmo 68:4–5,6–7,10–11
Hebreos 12:18–19,22–24a
Lucas 14:1,7–14

29 DE AGOSTO

Cuando les hablé y les prediqué el Evangelio, no quise convencerlos con palabras de hombre sabio; al contrario, los convencí por medio del Espíritu y del poder de Dios, a fin de que la fe de ustedes dependiera del poder de Dios y no de la sabiduría de los hombres.
—1 CORINTIOS 2:4–5

El deseo de Pablo, quien habla en este pasaje, es evidente: él quiere que las comunidades de su tiempo y las de nuestro tiempo se comprometan a mejorar viviendo el mandamiento del amor. Exhorta a sus oyentes a seguir y a creer en Jesús.

¿Qué respuesta le daría yo a Pablo? ¿Cómo ayudo a mi comunidad a crecer en el amor de Dios?

1 Corintios 2:1–5
Salmo 119:97,98,99,100,101,102
Marcos 6:17–29

Todos se espantaron [en la sinagoga] y se decían unos a otros: "¿Qué tendrá su palabra? Porque da órdenes con autoridad y fuerza a los espíritus inmundos y éstos se salen". Y su fama se extendió por todos los lugares de la región.
—LUCAS 4:36–37

Dios revela sus enseñanzas por medio del Espíritu. Por esa razón Jesús podía hacer cosas maravillosas, porque conocía los secretos íntimos de Dios. Porque nadie conoce lo íntimo de Dios, sino el Espíritu de Dios. Y Dios revela su Espíritu a los más sencillos de su Reino, a los que pueden recibirlo por medio de la fe.

Pidamos al Señor en nuestra oración que nos ilumine con el Espíritu de Dios para ver correctamente todas las cosas y así poder hacer el bien.

1 Corintios 2:10b–16
Salmo 145:8–9,10–11,12–13ab,13cd–14
Lucas 4:31–37

31 DE AGOSTO

Así pues, nosotros somos colaboradores de Dios y ustedes son el campo de Dios, la casa que Dios edifica.
—1 CORINTIOS 3:9

Los obispos católicos de los Estados Unidos publicaron un documento titulado "Colaboradores en la viña del Señor". En este documento se refleja el llamado de Dios, desde los profetas hasta nuestro tiempo. En el Evangelio vemos cómo Jesús también llama a sus apóstoles y discípulos. Actualmente, nosotros también somos llamados a colaborar.

¿Cómo colaboro en mi parroquia para que el Reino se propague? ¿Soy campo fértil para Dios? ¿Dejo que Dios edifique en mí?

1 Corintios 3:1–9
Salmo 33:12–13,14–15,20–21
Lucas 4:38–44

Simón Pedro se arrojó a los pies de Jesús y le dijo: "¡Apártate de mí, Señor,
porque soy un pecador!"
—LUCAS 5:8

La sencillez y honestidad de Pedro es digna de admiración.
Ante la grandeza de descubrir en Jesús al Mesías, le pide que
se aparte de él. Jesús responde de manera diferente: le invita
a ser un pescador del Reino, no sin antes animarlo y decirle
que no tenga miedo.

Señor,
ayúdame a reconocer que soy un pecador;
que mi orgullo y presunción no me ganen.
Que a pesar de mis miedos, deje todo para seguirte.
Amén.

1 Corintios 3:18–23
Salmo 24:1bc–2,3–4ab,5–6
Lucas 5:1–11

*[Los fariseos y los escribas le preguntaron a Jesús:] "¿Por qué los
discípulos de Juan ayunan con frecuencia y hacen oración, igual que los
discípulos de los fariseos, y los tuyos, en cambio, comen y beben?"*
—LUCAS 5:33

Con la explicación de sus parábolas, Jesús trata de mostrar
la forma nueva de ajustar su mensaje a sus oyentes y nuevos
seguidores. Lo importante para nosotros ahora, es analizar
cuidadosamente y responder al mismo mensaje.

¿Cómo respondemos a los cambios en nuestra vida de fe?
¿Somos de los que nos atoramos en lo viejo y no aceptamos
lo nuevo? Pensemos en que lo viejo y lo nuevo se pueden
complementar muy bien.

1 Corintios 4:1–5
Salmo 37:3–4,5–6,27–28,39–40
Lucas 5:33–39

Sábado

3 DE SEPTIEMBRE

• SAN GREGORIO MAGNO, PAPA Y DOCTOR DE LA IGLESIA •

En efecto, nosotros somos los locos a causa de Cristo y ustedes los sensatos en las cosas de Cristo; nosotros los débiles y ustedes los fuertes; nosotros los despreciados y ustedes los dignos de respeto.
—1 CORINTIOS 4:10

Los buenos discípulos muchas veces son considerados unos locos, como lo menciona Pablo en este pasaje. Pero no nos confundamos. La locura consiste en llevar a otras personas no solamente a conocer a Cristo, sino a que tengan una relación personal con él. Por lo que hay que seguir trabajando, bendiciendo y respondiendo con bondad, a pesar de las contrariedades.

1 Corintios 4:6b–15
Salmo 145:17–18,19–20,21
Lucas 6:1–5

⇒280⇐

El que no carga con su cruz y me sigue, no puede ser mi discípulo. Porque,
¿quién de ustedes, si quiere construir una torre, no se pone primero a
calcular el costo, para ver si tiene con qué terminarla?
—LUCAS 14:27–28

Seguir a Jesús no depende solamente de corazonadas ni de impulsos pasajeros. Seguirlo con la cruz implica un compromiso de dar testimonio y ser testigos de su vida, muerte, Pasión y Resurrección, encarnada en nuestra propia vida cotidiana. Es decir, no basta con ir a misa los domingos, ponernos la ceniza el día indicado y asistir al Vía Crucis el Viernes Santo. Cargar la cruz va más allá. Es cambiar de actitud por el Reino de justicia y de amor.

Señor, ayúdame a tomar la cruz de cada día con plena confianza en ti.

Sabiduría 9:13–18b
Salmo 90:3–4,5–6,12–13,14,17 (1)
Filemón 9–10,12–17
Lucas 14:25–33

Entonces Jesús les dijo: "Les voy a hacer una pregunta: ¿Qué es lo que está permitido hacer en sábado: el bien o el mal, salvar una vida o acabar con ella?" Y después de recorrer con la vista a todos los presentes, le dijo al hombre: "Extiende la mano". Él la extendió y quedó curado.
—LUCAS 6:9–10

Al curar a aquel hombre, Jesús una vez más faltaba a la norma sagrada del día sábado, el día de descanso. Su respuesta una vez más antepone curar al hombre en sábado. Es que hacer el bien va por encima de tradiciones, normas y leyes.

Si yo hubiera vivido en tiempos de Jesús, ¿lo habría criticado o comprendido? Señor Jesús, ayúdame a hacer el bien sin esperar recompensa. Que mis ocupaciones no sean un estorbo para ver las necesidades de los demás.

1 Corintios 5:1–8
Salmo 5:5–6,7,12
Lucas 6:6–11

6 DE SEPTIEMBRE

Por aquellos días, Jesús se retiró al monte a orar y se pasó la noche en oración con Dios. Cuando se hizo de día, llamó a sus discípulos, eligió a doce de entre ellos y les dio el nombre de apóstoles.
—LUCAS 6:12–13

Antes de tomar la decisión de elegir a los doce, Jesús se pasa la noche en oración con su Padre para tener la certeza de cumplir su voluntad. Hace oración por los que él quiere, porque de eso dependerá el éxito de la misión de la Iglesia. Recordemos que nuestra fe está basada en la fe de los apóstoles.

¿La Palabra y los milagros de Jesús siguen gustando a la sociedad de hoy como a sus primeros discípulos?

1 Corintios 6:1–11
Salmo 149:1b–2,3–4,5–6a y 9b
Lucas 6:12–19

7 DE SEPTIEMBRE

Dichosos serán ustedes cuando los hombres los aborrezcan y los expulsen de entre ellos, y cuando los insulten y maldigan por causa del Hijo del hombre. Alégrense ese día y salten de gozo, porque su recompensa será grande en el cielo.
—LUCAS 6:22–23

Esta bienaventuranza me recuerda vivamente al arzobispo salvadoreño, monseñor Romero, así como a los jesuitas, las religiosas y los hombres y mujeres que dieron la vida por defender a los pobres en El Salvador. A través de los siglos han surgido muchos mártires que han sufrido por proclamar y defender el Evangelio. Dichosos todos ellos, porque su recompensa jamás les será arrebatada.

Mártires de todos los tiempos, ¡rueguen por nosotros!

1 Corintios 7:25–31
Salmo 45:11–12,14–15,16–17
Lucas 6:20–26

8 DE SEPTIEMBRE

• NATIVIDAD DE LA SANTÍSIMA VIRGEN MARÍA •

Todo esto sucedió para que se cumpliera lo que había dicho el Señor por boca del profeta Isaías: "He aquí que la Virgen concebirá y dará a luz un hijo, a quien pondrán el nombre de Emmanuel, que quiere decir Dios-con-nosotros".

—MATEO 1:22–23

Dios te salve, María,
llena eres de gracia;
el Señor es contigo.
Bendita Tú eres
entre todas las mujeres,
y bendito es el fruto de tu vientre, Jesús.
Santa María, Madre de Dios,
ruega por nosotros, los pecadores,
ahora y en la hora de nuestra muerte.
Amén.

Miqueas 5:1–4a o Romanos 8:28–30
Salmo 13:6ab,6c
Mateo 1:1–16,18–23 o 1:18–23

En aquel tiempo, Jesús propuso a sus discípulos este ejemplo: "¿Puede acaso un ciego guiar a otro ciego? ¿No caerán los dos en un hoyo? El discípulo no es superior a su maestro; pero cuando termine su aprendizaje, será como su maestro".

—LUCAS 6:39–40

Jesús nos da un consejo excepcional que no necesita mucha explicación, sino reflexión. Dicho de otra forma: para poder ayudar a otra persona debo comenzar por ayudarme primero a mí mismo. Solo conociéndome y quitando lo que estorba en mi vida podré ser útil a la persona que acompaño en su camino. De lo contrario los dos fracasaremos.

¿Cuánto me conozco? ¿Cuáles son mis virtudes y defectos?

1 Corintios 9:16–19,22b–27
Salmo 84:3,4,5–6,12
Lucas 6:39–42

[Jesús dijo a sus discípulos:] "El hombre bueno dice cosas buenas, porque el bien está en su corazón, y el hombre malo dice cosas malas, porque el mal está en su corazón, pues la boca habla de lo que está lleno el corazón".
—LUCAS 6:45

Es necesario purificar nuestra mente y nuestro espíritu para poder hablar palabras buenas y dar frutos de bondad, de justicia y de paz. Lo que decimos con palabras debe ser coherente con las acciones.

¿Inspiro sentimientos buenos a los que me rodean? ¿De qué converso con mi familia y amigos? ¿Qué sueños y proyectos buenos tienen mi mente y mi corazón?

1 Corintios 10:14–22
Salmo 116:12–13,17–18
Lucas 6:43–49

Domingo

11 DE SEPTIEMBRE

• XXIV DOMINGO DEL TIEMPO ORDINARIO •

*El hijo mayor estaba en el campo, y al volver, cuando se acercó a la casa,
oyó la música y los cantos. Entonces llamó a uno de los criados y le
preguntó qué pasaba. Este le contestó: "Tu hermano ha regresado, y tu
padre mandó matar el becerro gordo, por haberlo recobrado sano y salvo".
El hermano mayor se enojó y no quería entrar.*
—LUCAS 15:25–28

La misericordia y el perdón de Dios reflejan el esplendor
de su amor. Es un Dios que se relaciona con el ser humano,
que no nos deja a la deriva en nuestro pecado. Nos ama
con especial ternura, nos busca hasta que nos encuentra. La
actitud del hijo mayor en el Evangelio de hoy, nos debe
enseñar mucho a todos nosotros sobre el perdón de Dios.

Éxodo 32:7–11,13–14
Salmo 51:3–4,12–13,17,19
1 Timoteo 1:12–17
Lucas 15:1–32 o 15:1–10

12 DE SEPTIEMBRE

• EL SANTO NOMBRE DE MARÍA •

"Señor, no te molestes, porque yo no soy digno de que tú entres en mi casa.
[. . .] Basta con que digas una sola palabra y mi criado quedará sano".
—LUCAS 7:6-7

El oficial romano al que se refiere este pasaje es un vivo ejemplo de fe y confianza. El oficial no salió al encuentro del Señor ni se sintió digno de que entrara en su casa. ¿Qué pasó entonces? Sencillamente descubrió el poder de Dios en Jesús y que este podía curar a su criado a la distancia.

Señor, dame la fe del oficial para que en cada Eucaristía proclame las mismas palabras con convicción:

> Señor, no soy digno
> de que entres en mi casa,
> pero una palabra tuya
> bastará para sanarme.
> Amén.

1 Corintios 11:17–26,33
Salmo 40:7–8a,8b–9,10,17
Lucas 7:1–10

13 DE SEPTIEMBRE

• SAN JUAN CRISÓSTOMO, OBISPO Y DOCTOR DE LA IGLESIA •

Aspiren a los dones de Dios más excelentes.
—1 CORINTIOS 12:31

El santo que celebramos hoy supo aspirar a los dones de Dios más elevados. Fue patriarca de Constantinopla y llamado Crisóstomo ("boca de oro") por ser un gran orador. Fue un gran testigo del Evangelio y gran defensor de los pobres frente al lujo excesivo de los ricos. Murió en el destierro por haber ayudado a los desposeídos.

¿Qué similitudes encuentro en la vida de este santo con lo que el papa Francisco nos pide en la exhortación apostólica *La alegría del Evangelio*? ¿Qué me exige en particular a mí?

1 Corintios 12:12–14,27–31a
Salmo 100:1b–2,3,4,5
Lucas 7:11–17

14 DE SEPTIEMBRE

• EXALTACIÓN DE LA SANTA CRUZ •

Porque tanto amó Dios al mundo, que le entregó a su Hijo único, para que todo el que crea en él no perezca, sino que tenga vida eterna.
—JUAN 3:16

Oremos con la antífona del Viernes Santo, recordando a todos los enfermos y moribundos de nuestra familia, comunidad y del mundo entero.

> Cruz amable y redentora,
> árbol noble, espléndido.
> Ningún árbol fue tan rico,
> ni en sus frutos ni en su flor.
> Dulce leño, dulces clavos.
> Dulce el fruto que nos dio.
> Amén.

Números 21:4b–9
Salmo 78:1bc–2,34–35,36–37,38
Filipenses 2:6–11
Juan 3:13–17

[El anciano Simeón dijo a María:] "Este niño ha sido puesto para ruina y resurgimiento de muchos en Israel, como signo que provocará contradicción, para que queden al descubierto los pensamientos de todos los corazones. Y a ti, una espada te atravesará el alma".
—LUCAS 2:34–35

Señor Dios, te pedimos por las madres que han sufrido el mismo dolor que la Dolorosa sufrió al perder a tu Hijo en una muerte violenta. Dales consuelo en esta vida y esperanza de que un día estén con ellos en el cielo. Con fervor nos encomendamos a nuestra Madre.

> La Madre piadosa estaba
> junto a la cruz, y lloraba
> mientras el Hijo pendía;
> cuya alma triste y llorosa,
> traspasada y dolorosa,
> fiero cuchillo tenía.

1 Corintios 15:1–11
Salmo 118:1b–2,16ab–17,28
Juan 19:25–27 o Lucas 2:33–35

16 DE SEPTIEMBRE

En aquel tiempo, Jesús comenzó a recorrer ciudades y poblados predicando la buena nueva del Reino de Dios. Lo acompañaban los doce y algunas mujeres que habían sido libradas de espíritus malignos y curadas de varias enfermedades.
—LUCAS 8:1–2

"Es necesario ampliar los espacios para una presencia femenina más incisiva en la Iglesia. . . La Iglesia no puede ser ella misma sin la mujer y el papel que ésta desempeña. La mujer es imprescindible para la Iglesia. María, una mujer, es más importante que los obispos", dijo el papa Francisco en el diálogo con Spadaro, que duró seis horas a lo largo de tres sesiones el 19, 23 y 29 de agosto de 2014.

Pidamos hoy por las mujeres que trabajan arduamente en puestos públicos y en la Iglesia. Que el Espíritu Santo siempre sea su guía.

1 Corintios 15:12–20
Salmo 17:1bcd,6–7,8b y 15
Lucas 8:1–3

Sábado

17 DE SEPTIEMBRE

• SAN ROBERTO BELARMINO, OBISPO Y DOCTOR DE LA IGLESIA •

[Jesús dijo a sus discípulos:] "Lo que cayó en tierra buena representa a los que escuchan la palabra, la conservan en un corazón bueno y bien dispuesto, y dan fruto por su constancia".
—LUCAS 8:15

Ser tierra fértil, donde Dios pueda sembrar en nuestros corazones su Palabra. Ser sencillos al actuar para poder ver las maravillas de Dios en signos pequeños. Ser perseverantes y percibir cada momento de la vida como algo nuevo. No dar cabida a la desesperación y la ansiedad. Los espacios de silencio son importantes para el sembrador que espera pacientemente dónde depositar su semilla de amor.

¿En qué momento del día doy espacio al silencio?

1 Corintios 15:35–37,42–49
Salmo 56:10c–12,13–14
Lucas 8:4–15

[Jesús dijo a sus discípulos:] "El que es fiel en las cosas pequeñas, también es fiel en las grandes; y el que es infiel en las cosas pequeñas, también es infiel en las grandes".
—LUCAS 16:10

Desde niños nuestros padres nos enseñan a decir la verdad y a ser honestos con nosotros mismos y con los que nos rodean. La fidelidad y la honestidad siempre van de la mano. Hoy el Evangelio nos muestra la realidad de la vida: ser fiel o infiel.

¿Cómo me considero en lo que hago: fiel o infiel? ¿Estoy preparado para cambiar mi forma de proceder?

Amos 8:4–7
Salmo 113:1–2,4–6,7–8
1 Timoteo 2:1–8
Lucas 16:1–13 o 16:10–13

[Jesús dijo a la multitud:] "Nadie enciende una vela y la tapa con alguna vasija o la esconde debajo de la cama, sino que la pone en el candelero, para que los que entren puedan ver la luz. Porque nada hay oculto que no llegue a descubrirse, nada secreto que no llegue a saberse o a hacerse público".

—LUCAS 8:16–17

Dios mío, dame valor para ser lámpara encendida en lo que me has encomendado. Que brille ante mi familia, en la escuela y en el trabajo, tal como tú lo hiciste. Que sirva sin tregua a los que lo necesiten.

¿Guardo como un tesoro secreto la Palabra de Dios? ¿Cómo la trasmito a los que me rodean?

Proverbios 3:27–34
Salmo 15:2–3a,3bc–4ab,5
Lucas 8:16–18

20 DE SEPTIEMBRE

El Señor observa el proceder de los malvados
y acaba por precipitarlos en la desgracia.
Quien cierra los oídos a las súplicas del pobre
clamará también, pero nadie le responderá.
—PROVERBIOS 21:12–13

Señor, dame la sabiduría
de meditar tu Palabra con un corazón abierto,
para escuchar el clamor
de mis hermanos y hermanas,
que buscan ayuda y protección.
Que no sea altanero ni de actitud arrogante,
que mi proceder sea recto y justo.
Amén.

Proverbios 21:1–6,10–13
Salmo 119:1,27,30,34,35,44
Lucas 8:19–21

21 DE SEPTIEMBRE

• SAN MATEO, APÓSTOL Y EVANGELISTA •

Cada uno de nosotros ha recibido la gracia en la medida en que Cristo se la ha dado. Él fue quien concedió a unos ser apóstoles; a otros, ser profetas; a otros, ser evangelizadores; a otros, ser pastores y maestros. Y esto, para capacitar a los fieles, a fin de que, desempeñando debidamente su tarea, construyan el cuerpo de Cristo.
—EFESIOS 4:7

¿Qué vio Jesús en Mateo que lo llamó a ser su apóstol? ¿Qué ve Jesús en mí que me ha llamado al discipulado? Jesús, en ambos casos, ve a la persona completa con sus debilidades y virtudes. Al responderle, nos vamos descubriendo interiormente y vamos ganando confianza para escoger nuestra vocación. Unos tardan más que otros en responder. Mateo estaba estancado en su mesita de impuestos y ahí llegó Jesús. Eso es lo hermoso del Señor: ¡nos sorprende dondequiera que estemos!

Efesios 4:1–7,11–13
Salmo 19:2–3,4–5
Mateo 9:9–13

22 DE SEPTIEMBRE

Todas las cosas, absolutamente todas,
son vana ilusión.
¿Qué provecho saca el hombre
de todos sus trabajos en la tierra?
Pasa una generación y viene otra,
pero la tierra permanece siempre.
—ECLESIASTÉS 1:2–4

Nada hay nuevo bajo el sol. ¿Qué significan estas palabras? Sencillamente que la persona se olvida que va de paso y pone toda su energía en hacer y acumular riqueza y poder. Sin embargo, no es feliz. La felicidad está en poner nuestra confianza en el Señor, sabiendo que tarde o temprano vamos a su encuentro. Todo se queda. . . feliz aquella persona que supo aprovechar el tiempo haciendo el bien, compartiendo sus bienes y viviendo para los más necesitados.

Eclesiastés 1:2–11
Salmo 90:3–4,5–6,12–13,14 y 17bc
Lucas 9:7–9

Hay tiempo para cada cosa
todo lo que hacemos bajo el sol tiene su tiempo.
Hay tiempo para nacer y otro para morir;
Uno para plantar y otro para arrancar lo plantado.
—ECLESIASTÉS 3:1–2

Todo tiene su tiempo y no hay que quemar etapas.

¿Cómo entiendo estos consejos de las Sagradas Escrituras? ¿Qué reflexiones vienen a mi mente con estos pensamientos? ¿Qué tiempo le dedico a Dios cada día?

Eclesiastés 3:1–11
Salmo 144:1b y 2abc,3–4
Lucas 9:18–22

[Jesús dijo a sus discípulos:] "Presten mucha atención a lo que voy a decir:
El Hijo del hombre, va a ser entregado en manos de los hombres".
—LUCAS 9:44

A pesar de la advertencia de poner mucho cuidado, los discípulos se quedaron en blanco; no captaron aquel importante aviso. Era inconcebible que el Mesías padeciera y muriera. . . esto significaba un fracaso.

El sufrimiento, la enfermedad, los fracasos familiares, escolares y laborales nos llevan muchas veces a pensar como los discípulos, que no querían saber ni pensar en lo que sufrir conlleva.

Eclesiastés 11:9—12:8
Salmo 90:3–4,5–6,12–13,14 y 17
Lucas 9:43b–45

• XXVI DOMINGO DEL TIEMPO ORDINARIO •

*Tú como hombre de Dios, lleva una vida de rectitud, piedad, fe, amor,
paciencia y mansedumbre.*
—1 TIMOTEO 6:11

Aquí estamos, Señor, llamados por ti este domingo.
Concédenos poner a punto nuestro corazón
para que no desfallezca en la lucha,
practicar la rectitud y pureza de intención
en las cosas tanto del cielo como de la tierra.
Amén.

Amos 6:1a,4–7
Salmo 146:7,8–9,9–10 (1b)
1 Timoteo 6:11–16
Lucas 16:19–31

"Desnudo salí del vientre de mi madre
y desnudo volveré allá.
El Señor me lo dio, el Señor me lo quitó;
esa fue su voluntad:
¡Bendito sea el nombre del Señor!".

—JOB 1:21

Es posible que la reacción de Job ante las adversidades de la vida nos sorprenda. Su confianza en Dios fue puesta a prueba por Satanás. Pero salió victorioso de la tentación de maldecir a Dios por el sufrimiento de haber perdido sus bienes y su familia. Los santos Cosme y Damián, asimismo, fueron puestos a prueba y dieron la vida por Jesucristo. ¡Todo por su fidelidad, confianza y fe!

¿Cómo respondo a Dios ante la enfermedad y la desgracia?

Job 1:6–22
Salmo 17:1bcd,2–3,6–7
Lucas 9:46–50

Cuando ya se acercaba el tiempo en que tenía que salir de este mundo, Jesús tomó la firme determinación de emprender el viaje a Jerusalén.
—LUCAS 9:51

Llegar a Jerusalén implicaba pasar por territorio de los samaritanos, donde los judíos no eran bien recibidos. Por lo tanto, no dejan pasar a Jesús y su grupo. ¿Qué es lo que sigue? Santiago y Juan replican de inmediato: "¿Quieres que hagamos bajar fuego del cielo para que acabe por con ellos?". Pero Jesús se niega porque no quiere obligar a nadie a creer y confiar en su Palabra.

Señor mío, permite que yo sí te deje pasar hasta el fondo de mi corazón. Que no ponga barreras a tu presencia que vive en mis hermanos y hermanas.

Job 3:1–3,11–17,20–23
Salmo 88:2–3,4–5,6,7–8
Lucas 9:62

28 DE SEPTIEMBRE

• SAN WENCESLAO, MÁRTIR • SAN LORENZO RUIZ Y COMPAÑEROS,
MÁRTIRES •

[Jesús le contestó:] "El que empuña el arado y mira hacia atrás, no sirve
para el Reino de Dios".
—LUCAS 9:62

El Señor nos conoce íntimamente. Meditemos con la
oración de san Ignacio de Loyola:

> Señor, tú me conoces mejor
> de lo que yo me conozco a mí mismo.
> Tu Espíritu empapa
> todos los momentos de mi vida.
> Gracias por tu gracia y por tu amor
> que derramas sobre mí.
> Gracias por tu constante y suave invitación
> a que te deje entrar en mi vida.
> Amén.

Job 9:1–12,14–16
Salmo 88:10bc–11,12–13,14–15
Lucas 9:57–62

[Jesús añadió:] "Yo les aseguro que verán el cielo abierto y a los ángeles de Dios subir y bajar sobre el Hijo del Hombre".
—JUAN 1:51

La Tradición de la Iglesia venera con gran devoción a estos tres ángeles: Miguel, Gabriel y Rafael. Encomendémonos a ellos con la siguiente oración del himno de Laudes:

> Dios que nos diste a los ángeles
> por guías y mensajeros,
> danos el ser compañeros
> del cielo de tus arcángeles.
>
> Te pedimos que nuestra vida
> esté siempre protegida en la
> tierra, por aquellos que te
> asisten continuamente en el cielo.
> Amén.

Daniel 7:9–10,13–14 o Revelación 12:7–12a
Salmo 138:1–2ab,2cde–3,4–5
Juan 1:47–51

[Jesús dijo a sus discípulos:] "El que los escucha a ustedes, a mí me escucha; el que los rechaza a ustedes, a mí me rechaza y el que me rechaza a mí, rechaza al que me ha enviado".
—LUCAS 10:16

Tal vez en nuestra vida hemos reprochado a Dios por experiencias vividas: la muerte repentina de un ser querido, el divorcio de nuestros padres, la pérdida de un trabajo bien remunerado. Creemos que todo es culpa de Dios, que no nos escucha y que rechaza nuestras súplicas. ¿Tenemos derecho de reclamarle?

San Jerónimo, gran santo que escuchó y aceptó a Dios con su vida de penitencia y oración, que se entregó en cuerpo y alma al estudio de la Biblia y la tradujo al latín, ¡ruega por nosotros!

Job 38:1,12–21;40:3–5
Salmo 139:1–3,7–8,9–10,13–14ab
Lucas 10:13–16

1 DE OCTUBRE

• SANTA TERESA DEL NIÑO JESÚS, VIRGEN Y DOCTORA DE LA IGLESIA •

En aquel tiempo, los setenta y dos discípulos regresaron llenos de alegría y le dijeron a Jesús: "Señor, hasta los demonios se nos someten en tu nombre".
—LUCAS 10:17

Teresa del Niño Jesús y de la Santa Faz. Se adentró en el espíritu de la niñez de Jesús de Nazaret, siguiendo su caminito y encontrando al Cristo de la Pasión. Pidamos su intercesión por las misiones.

Santa Teresita del Niño Jesús, que has sido proclamada Patrona de las Misiones del mundo entero, acuérdate de los deseos ardientes que tenías cuando vivías en el mundo de querer anunciar el Evangelio hasta el último rincón de la tierra. Te suplicamos que intercedas, según tu promesa, por los sacerdotes y los misioneros en su labor de proclamar el Reino de Dios a todos.

Santa Teresita del Niño Jesús, ¡ruega por nosotros!

Job 42:1–3,5–6,12–17
Salmo 119:66,71,75,91,125,130
Lucas 10:17–24

Domingo

2 DE OCTUBRE

[Los apóstoles dijeron al Señor:] "Auméntanos la fe". El Señor les contestó:
"Si tuvieran fe, aunque fuera tan pequeña como una semilla de mostaza,
podrían decirle a ese árbol frondoso: 'Arráncate de raíz y plántate en el
mar', y los obedecería".
—LUCAS 17:5–6

El papa Benedicto XVI al inicio del *Año de la Fe* en su homilía del 11 de octubre de 2012 hizo hincapié en lo siguiente: "El cristiano cree en Dios por medio de Jesucristo, que ha revelado su rostro. Él es el cumplimiento de las Escrituras y su intérprete definitivo. Jesucristo no es solamente el objeto de la fe, sino, como dice la *carta a los Hebreos*, 'el que inició y completa nuestra fe'" (12:2).

¿Cómo vivo yo mi fe?

Habacuc 1:2–3;2:2–4
Salmo 95:1–2,6–7,8–9 (8)
2 Timoteo 1:6–8,13–14
Lucas 17:5–10

3 DE OCTUBRE

Quiero que sepan, hermanos, que el Evangelio predicado por mí no es un invento humano, pues no lo he recibido ni aprendido de hombre alguno, sino revelación de Jesucristo.
—GÁLATAS 1:12

Un claro ejemplo del amor de Dios a nosotros es el llamado constante a la conversión por medio de su Evangelio. Parece que en tiempo de Pablo, así como en el nuestro, ya existía la confusión de otro Evangelio entre la gente. Él exhorta a seguir el verdadero Evangelio de Jesucristo. Recordemos que solo él murió y resucitó por cada uno de nosotros.

¿Leo y medito con el Evangelio? ¿Creo que Jesucristo es el Evangelio vivo entre nosotros?

Gálatas 1:6–12
Salmo 111:1b–2,7–8,9 y 10c
Lucas 10:25–37

*En aquel tiempo, entró Jesús en un poblado, y una mujer, llamada Marta,
lo recibió en su casa. Ella tenía una hermana, llamada María, la cual se
sentó a los pies de Jesús y se puso a escuchar su palabra.*
—LUCAS 10:38–39

Hoy celebramos la fiesta de san Francisco de Asís, quien
siguió a Jesús con una vida sencilla y alegre. Fue fiel a la
Iglesia y al Papa de su tiempo. Compartió su ternura y
compasión con todos los pobres y los enfermos de su área.
Pidámosle que ruegue por nosotros con la siguiente oración
del himno de Laudes en su día:

> Omnipotente, altísimo, bondadoso Señor,
> tuyas son la alabanza, la gloria y el honor;
> tan solo tú eres digno de toda bendición,
> y nunca es digno el hombre de hacer de ti mención.
> Amén.

Gálatas 1:13–24
Salmo 139:1b–3,13–14ab,14c–15
Lucas 10:38–42

Jesús estaba orando y cuando terminó, uno de sus discípulos le dijo: "Señor, enséñanos a orar, como Juan enseñó a sus discípulos". Entonces Jesús les dijo: "Cuando oren, digan: / Padre, santificado sea tu nombre, / venga tu Reino, / danos hoy nuestro pan de cada día / y perdona nuestras ofensas, / puesto que también nosotros perdonamos / a todo aquel que nos ofende, / y no nos dejes caer en tentación".
—LUCAS 11:1–4

Lucas nos presenta una versión más corta del Padre nuestro que la de Mateo. De cualquier manera, esta es la oración por excelencia para dar fuerza a la unidad de todos nosotros que somos llamados a ser hijos e hijas de un solo Padre.

Gálatas 2:1–2,7–14
Salmo117:1bc,2
Lucas 11:1–4

[Jesús dijo a sus discípulos:] "Pidan y se les dará, busquen y encontrarán, toquen y se les abrirá. Porque quien pide, recibe; quien busca, encuentra, y al que toca, se le abre".
—LUCAS 11:9–10

Lucas nos sigue enseñando el tema de la oración. En este pequeño pasaje se nota la eficacia de la oración con confianza depositando nuestra fe en Dios. La perseverancia en la oración es lo que nos guía a seguir la voluntad de Dios. Hoy, más que nunca, el mundo necesita personas de oración.

¿Tengo tiempo para Dios? ¿Pido solo por mis necesidades o también por las de otras personas?

Gálatas 3:1–5
Salmo 1:69–70,71–72,73–75
Lucas 11:5–13

Viernes

7 DE OCTUBRE

• NUESTRA SEÑORA DEL ROSARIO •

[Jesús les dijo:] "Todo reino dividido por luchas internas va a la ruina y se derrumba casa por casa".
—LUCAS 11:17

Familias, amigos, pueblos y ciudades divididas alrededor del mundo a causa de la guerra, el hambre y la mala repartición de las riquezas. El papa Francisco nos pide unir esfuerzos para llevar a cabo la justicia entre los pueblos. Cada uno de nosotros es responsable de que esto ocurra poniendo su granito de arena.

Hoy celebramos a la Virgen del Rosario; de hecho, el mes de octubre es el mes del rosario. La Iglesia nos invita a descubrir en el rosario el sitio que ocupa la santísima Virgen en el misterio de la Salvación y a saludar a la Madre de Dios con el saludo del ángel: "Ave, María".

Gálatas 3:7–14
Salmo 111:1b–2,3–4,5–6
Lucas 11:15–26

8 DE OCTUBRE

Así pues, todos ustedes son hijos de Dios por la fe en Cristo Jesús, pues, cuantos han sido incorporados a Cristo por medio del Bautismo, se han revestido de Cristo.
—GÁLATAS 3:26–27

Te pedimos, Señor,
que por la gracia del Bautismo
que hemos recibido,
podamos descubrirte, servirte
y amarte en cada uno de nuestros
hermanos y hermanas.
Para que juntos caminemos
hacia el cielo que nos tienes prometido.
Amén.

Gálatas 3:22–29
Salmo 105:2–3,4–5,6–7
Lucas 11:27–28

9 DE OCTUBRE

[Jesús dijo al samaritano:] "Levántate y vete. Tu fe te ha salvado".
—LUCAS 17:19

Los seres humanos dependemos de Dios y de otras personas. El amor y el cuidado de la enfermedad física o espiritual es lo que nos hace libres. Este domingo Jesús hace eso con los diez leprosos: los limpia de su lepra, los levanta, los pone de pie para que sean reintegrados a su familia y a la sociedad.

¿Cómo trato a los enfermos y a los ancianos? ¿Les tiendo la mano o me alejo de ellos? ¿Soy agradecido con Dios y con las personas que cuidan de los enfermos?

2 Reyes 5:14–17
Salmo 98:1,2–3,3–4
2 Timoteo 2:8–13
Lucas 17:11–19

10 DE OCTUBRE

Cristo nos ha liberado para que seamos libres. Conserven, pues, la libertad
y no se sometan de nuevo al yugo de la esclavitud.
—GÁLATAS 5:1

No echemos en saco roto la gracia de nuestro Bautismo. Disfrutemos de nuestra libertad. Cristo dio su vida a un precio muy caro para que obtuviéramos esa libertad de llegar a ser hijos e hijas de Dios. Vivamos, pues, como personas libres no sujetas a las miles de tentaciones que nos rodean.

Señor, ayúdame a vivir en la libertad y en la gracia que tu generosidad me ha otorgado.

¿En qué consiste esa libertad de Cristo? ¿Qué significado tiene para mí la libertad? ¿Quiénes son esclavos hoy?

Gálatas 4:22–24,26–27,31—5:1
Salmo 113:1b–2,3–4,5a y 6–7
Lucas 11:29–32

[Jesús dijo al fariseo:] "¡Insensatos! ¿Acaso el que hizo lo exterior no hizo también lo interior? Den más bien limosna de lo que tienen y todo lo de ustedes quedará limpio".
—LUCAS 11:39–40

Jesús actúa como hombre libre. No se cohíbe ante el fariseo que le reclama por no cumplir con las abluciones que observa la ley.

¿Qué significa esto para nosotros hoy? No bastan las apariencias. La Iglesia nos brinda el sacramento de la Reconciliación como ayuda para encontrar ese sentido de rectitud de intención.

¿Es mi conducta acorde con la forma en que pienso y siento? ¿Qué tan seguido recibo el sacramento de la Reconciliación?

Gálatas 5:1–6
Salmo 119:41,43,44,45,47,48
Lucas 11:37–41

Miércoles

12 DE OCTUBRE

Los frutos del Espíritu Santo son: el amor, la alegría, la paz, la generosidad, la benignidad, la bondad, la fidelidad, la mansedumbre y el dominio de sí mismo. Ninguna ley existe que vaya en contra de estas cosas.
—GÁLATAS 5:22–23

Gracias, Señor,
por el amor que nos das por medio
de nuestra familia y amigos.
Gracias por la alegría de vivir.
Gracias por darme la oportunidad
de abrir senderos de bondad,
de paz y de generosidad.
Amén.

Gálatas 5:18–25
Salmo 1:1–2,3,4 y 6
Lucas 11:42–46

⇒ 319 ⇐

13 DE OCTUBRE

Pues por Cristo, por su sangre,
hemos recibido la redención,
el perdón de los pecados.
Él ha prodigado sobre nosotros el tesoro de su gracia,
con toda sabiduría e inteligencia,
dándonos a conocer el misterio de su voluntad.
—EFESIOS 1:11

Reflexionemos en el siguiente soneto del siglo XVI de autor desconocido:

No me mueve, mi Dios para quererte
el cielo que me tienes prometido;
ni me mueve el infierno tan temido
para dejar por eso de ofenderte.
Tú me mueves, Señor, muéveme el verte
clavado en una cruz y escarnecido.

Efesios 1:1–10
Salmo 98:1,2–3ab,3cd–4,5–6
Lucas 11:47–54

14 DE OCTUBRE

• SAN CALIXTO I, PAPA Y MÁRTIR •

[Jesús dijo a sus discípulos:] "¿No se venden cinco pajarillos por dos monedas? Sin embargo, ni de uno solo de ellos se olvida Dios; y por lo que a ustedes toca, todos los cabellos de su cabeza están contados. No teman, pues, porque ustedes valen mucho más que todos los pajarillos".
—LUCAS 12:6–7

En una de sus reflexiones para evangelizar a quienes lo rodeaban, san Francisco de Asís decía lo siguiente: "Si existen seres humanos que excluyen a cualquiera de las criaturas de Dios del amparo de la compasión y la misericordia, existirán seres humanos que tratarán a sus hermanos de la misma manera".

Recordemos que todos estamos hechos a semejanza de Dios. ¡Cuidemos y respetemos la vida!

Efesios 1:11–14
Salmo 33:1–2,4–5,12–13
Lucas 12:1–7

[Jesús dijo a sus discípulos:] "El Espíritu Santo les enseñará en aquel momento lo que convenga decir".
—LUCAS 12:12

El alma de Teresa se sintetiza en su sed de vivir unida al Señor. Su sabiduría para entender las señales del Espíritu Santo, en su vida y en su tiempo, nos han sido de gran ayuda en el camino espiritual, de la que ella es una gran maestra a seguir.

Meditemos en la siguiente oración de santa Teresa:

Yo ya no quiero otro amor, pues a mi Dios me he entregado, que mi amado es para mí, y yo soy para el amado.

Efesios 1:15–23
Salmo 8:2–3ab,4–5,6–7
Lucas 12:8–12

16 DE OCTUBRE

Toda la Sagrada Escritura está inspirada por Dios y es útil para enseñar, para reprender, para corregir y para educar en la virtud a fin de que el hombre de Dios sea perfecto y esté enteramente preparado para toda obra buena.
—2 DE TIMOTEO 3:16–17

San Agustín explicaba: "Cuando rezamos hablamos con Dios, pero cuando leemos es Dios quien habla con nosotros". Las Sagradas Escrituras son la fuente de la sabiduría de Dios; el alimento que nutre a todo cristiano en su conocimiento de Dios. Para el desarrollo de la fe, todos los bautizados debemos tener el hábito de meditar y orar con las Sagradas Escrituras en el hogar, aparte de asistir a misa los domingos.

¿Leo y medito la Biblia en familia? ¿He asistido a cursos de Biblia en mi parroquia?

Éxodo 17:8–13
Salmo 121:1–2,3–4,5–6,7–8
2 Timoteo 3:14—4:2
Lucas 18:1–8

"Eviten toda clase de avaricia, porque la vida del hombre no depende de la abundancia de los bienes que posea".
—LUCAS 12:15

Nuestra vida es lo más bello y preciado que poseemos y no la tenemos segura por atesorar muchos bienes. Tener lo necesario para vivir con dignidad es derecho de todos. Pero el mensaje es que no pongamos nuestra confianza y nuestra razón en las riquezas. ¿Qué significa esto? ¡Debemos hacernos ricos de lo que vale ante Dios!

Oremos con las mismas palabras de san Ignacio de Antioquía cuando iba camino al martirio: "Dejen que yo reciba la luz purísima. Lo único que hay en mí es un manantial que murmura: 'Ven ya, ven hacia el padre'".

Efesios 2:1–10
Salmo 100:1b–2,3,4ab,4c–5
Lucas 12:13–21

18 DE OCTUBRE

• SAN LUCAS, EVANGELISTA •

[Jesús dijo a sus discípulos:] "En cualquier ciudad donde entren y los reciban, coman lo que les den. Curen a los enfermos que haya y díganles: 'Ya se acerca a ustedes el Reino de Dios'".
—LUCAS 10:7–9

San Lucas fue un gran ejemplo de laboriosidad, compasión y colaboración. Junto con los demás apóstoles y discípulos, llevó a cabo la obra del Señor. Además, fue compañero de san Pablo en sus viajes. En Hechos de los Apóstoles impulsa a la Iglesia naciente después de Pentecostés. Su estilo literario es fluido y hermoso; un verdadero cántico de agradecimiento, lleno de gozo y optimismo, para la Iglesia que apenas comenzaba.

¿Cuál de los cuatro evangelistas me ayuda a vivir la alegría del Evangelio? ¿Por qué?

2 Timoteo 4:10–17b
Salmo 145:10–11,12–13,17–18
Lucas 10:1–9

[Jesús dijo a sus discípulos:] "Fíjense en esto: Si un padre de familia supiera a qué hora va a venir el ladrón, estaría vigilando y no dejaría que se metiera por un boquete en su casa. Pues también ustedes estén preparados, porque a la hora en que menos lo piensen, vendrá el Hijo del hombre".
—LUCAS 12:39–40

Las palabras de Cristo deben ser tomadas en serio en cualquier etapa de la vida. Él puede llegar en la niñez, la juventud o en la edad adulta. San Juan Brébeuf oraba así: "No moriré sino por ti Jesús, que te dignaste a morir por mí".

Señor mío,
que la muerte no me halle distraído.
Sino que por el contrario,
me encuentre entretenido,
haciendo el bien
y cumpliendo
tu voluntad.
Amén.

Efesios 3:2–12
Salmo 12:2–3,4bcd,5–6
Lucas 12:39–48

2o DE OCTUBRE

• SAN PABLO DE LA CRUZ, PRESBÍTERO •

*Así, arraigados y cimentados en el amor, podrán comprender con todo el
pueblo de Dios, la anchura y la longitud, la altura y la profundidad del
amor de Cristo, y experimentar ese amor que sobrepasa todo conocimiento
humano, para que así queden ustedes colmados con la plenitud misma
de Dios.*

—EFESIOS 3:17–19

Ante la grandeza de Dios no podemos quedar indiferentes.
Su amor abarca los cuatro puntos cardinales y va más allá
del cosmos donde la inteligencia humana no alcanza a ver.
Solo nos queda contemplar ese amor tan grande que habita
entre nosotros.

San Pablo de la Cruz pasó la mayor parte de su vida
contemplando la Pasión de nuestro Señor Jesucristo. Su
intenso amor a Cristo crucificado fue lo que lo llevó a la
santidad. San Pablo de la Cruz, ¡ruega por nosotros!

Efesios 3:14–21
Salmo 33:1–2,4–5,11–12,18–19
Lucas 12:49–53

Un solo Señor, una sola fe, un solo bautismo, un solo Dios y padre de todos, que reina sobre todos, actúa a través de todos y vive en todos.
—EFESIOS 4:5–6

Te doy gracias, Padre, por el don de la fe.
Te doy gracias, Padre, porque por el Bautismo
puedo llamarme hijo tuyo.
Te doy gracias, Padre,
por la misericordia que tienes para todos
y porque existes en cada corazón humano.
Concédenos ser fieles a tu Hijo, Jesús
a pesar de los tropiezos de nuestra vida.
Amén.

Efesios 4:1–6
Salmo 24:1–2,3–4ab,5–6
Lucas 12:54–59

22 DE OCTUBRE

• SAN JUAN PABLO II, PAPA •

[Jesús les dijo esta parábola:] "Un hombre tenía una higuera plantada en su viñedo; fue a buscar higos y no los encontró. Dijo entonces al viñador: 'Mira durante tres años seguidos he venido a buscar higos en esta higuera y no los he encontrado. Córtala. ¿Para qué ocupa la tierra inútilmente'".

—LUCAS 13:6–7

Todos los días escuchamos en las noticias que muere mucha gente de diversas maneras, ya sea por accidentes, violencia o causas naturales. ¿Acaso se terminó su año? ¿Eran ellos peores o mejores que nosotros que aún tenemos vida?

La invitación es a una conversión constante. Este es nuestro año, este es nuestro tiempo. . . no lo desperdiciemos porque quizá ya no habrá el siguiente año para nosotros. ¡Trabajemos con gusto!

Efesios 4:7–16
Salmo 122:1–2,3–4ab,4cd–5
Lucas 13:1–9

23 DE OCTUBRE

• XXX DOMINGO DEL TIEMPO ORDINARIO •

La oración del humilde atraviesa las nubes,
y mientras él no obtiene lo que pide,
permanece sin descanso y no desiste,
hasta que el Altísimo lo atiende
y el justo juez le hace justicia.
—ECCLESIÁSTICO (SIRÁCIDE) 35:21

La oración debe ser humilde; sale de un corazón que se sabe pecador y está necesitado de la misericordia de Dios. No debe ser una muestra de nuestros logros y presunciones ante el Señor. ¿De qué le podemos presumir? ¿De qué nos vanagloriamos? Todo lo bueno de nuestra oración se debe a la gracia que Dios mismo nos concede para pedirle favores.

¡Señor, enséñanos a orar!

Ecclesiástico (Sirácide) 35:12–14,16–18
Salmo 34:2–3,17–18,19,23 (7a)
2 Timoteo 4:6–8,16–18
Lucas 18:9–14

24 DE OCTUBRE

• SAN ANTONIO MARÍA CLARET, OBISPO •

Porque en otro tiempo ustedes fueron tinieblas, pero ahora, unidos al Señor, son luz. Vivan, por tanto, como hijos de la luz.
—EFESIOS 5:8

El símbolo de la luz que ilumina nuestra fe lo vivimos la noche de Navidad y la noche de la Vigilia Pascual. Cristo con su presencia en estas dos grandes noches ilumina al mundo y disipa la oscuridad.

Señor, las noches oscuras siguen en el mundo. Ven a iluminarnos con tu luz maravillosa. Sabemos que cuando tú vengas, la oscuridad desaparecerá para siempre. ¡Ayúdanos a ser luz para que otros te puedan ver!

Efesios 4:32—5:8
Salmo 1:1–2,3,4 y 6
Lucas 13:10–17

25 DE OCTUBRE

[Jesús dijo:] "¿A qué se parece el reino de Dios? ¿Con qué podré compararlo? Se parece a la semilla de mostaza que un hombre sembró en su huerta; creció y se convirtió en un arbusto grande y los pájaros anidaron en sus ramas".
—LUCAS 13:18–19

Las dos parábolas que Jesús nos pone como ejemplo parten de lo pequeño. La semilla de mostaza es diminuta y, sin embargo, crece y se convierte en un arbusto grande. La levadura no se ve pero fermenta y crece. Así es el Reino de Dios: sale de lo más insignificante, pero, con perseverancia y un buen proceso, da resultados muy notorios. Dios no espera cosas grandes de nosotros. Solo nos impulsa a que hagamos cosas pequeñas con mucho amor.

¿Me siento parte del Reino? ¿Cómo contribuyo a que crezca la semilla que Dios ha puesto en mí?

Efesios 5:21–33 o 5:2a,25–33
Salmo 128:1–2,3,4–5
Lucas 13:18–21

26 DE OCTUBRE

[Jesús respondió:] "Esfuércense en entrar por la puerta, que es angosta, pues yo les aseguro que muchos tratarán de entrar y no podrán".
—LUCAS 13:24

El papa Francisco nos advierte que la oración nos da cabida para entrar por la única puerta que es Cristo:

"En cambio, la oración, ante un problema, una situación difícil, una calamidad, es abrirle la puerta al Señor para que venga. Porque Él rehace las cosas, sabe arreglar las cosas, acomodar las cosas. Orar por esto: abrir la puerta al Señor, para que pueda hacer algo. ¡Pero si cerramos la puerta, el Señor no puede hacer nada!".

Efesios 6:1–9
Salmo 145:10–11,12–13ab,13cd–14
Lucas 13:22–30

Jueves

27 DE OCTUBRE

Y, con la ayuda del Espíritu Santo, oren y supliquen continuamente. Velen en oración constantemente por todo el pueblo cristiano y también por mí, a fin de que Dios me conceda hablar con toda libertad para anunciar el misterio de Cristo, contenido en el Evangelio, del cual soy embajador.
—EFESIOS 6:18–20

Continúa, Señor, en nosotros
tu obra de salvación
por medio del Espíritu Santo,
que vive y acompaña a la Iglesia
en oración constante.
Te pedimos repartas tus siete dones
según la fe de tus siervos.
De este modo podremos continuar
siendo heraldos de tu Evangelio.
Amén.

Efesios 6:10–20
Salmo 144:1b,2,9–10
Lucas 13:31–35

Sobre Cristo, todo el edificio se va levantando bien estructurado, para formar el templo santo en el Señor, y unidos a él también ustedes se van incorporando al edificio, por medio del Espíritu Santo, para ser morada de Dios.

—EFESIOS 2:21–22

Celebrar la fiesta de los apóstoles siempre es motivo de gozo. Ellos son la base sólida de los orígenes de nuestra fe.

> Estos santos varones han sido escogidos
> por Dios en su infinito amor
> y han recibido de él la gloria eterna.
> Imitemos su fidelidad y entrega
> para que más hombres y mujeres
> conozcan a Cristo.
> Amén.

Efesios 2:19–22
Salmo 19:2–3,4–5
Lucas 6:12–16

Porque para mí, la vida es Cristo, y la muerte, una ganancia.
—FILIPENSES 1:21

Tanto era el amor de Pablo hacia Cristo, que se sentía como extranjero en este mundo. Lo amaba con una entrega profunda, a pesar de todos los sufrimientos que pasó. De una manera similar a la de Pablo, santa Teresa también expresó el amor a Cristo en sus escritos espirituales:

> ¡Ay, qué larga es esta vida!
> ¡Qué duros estos destierros,
> esta cárcel, estos hierros
> en que el alma está metida!
> Sólo esperar la salida
> me causa dolor tan fiero,
> que muero porque no muero.

¿Puedo yo, como Pablo y santa Teresa, decir que el centro de mi vida es Cristo y que la muerte me acercaría al amado? ¿Cómo manifiesto ese amor?

Filipenses 1:18b–26
Salmo 42:2,3,5cdef
Lucas 14:1,7–11

Jesús, levantó los ojos y le dijo: "Zaqueo, bájate pronto, porque hoy tengo
que hospedarme en tu casa".
—LUCAS 19:5–6

Dios bueno y misericordioso,
de cuya mano provienen
todos los bienes que tenemos,
ayúdanos a vencer en esta vida
todo lo que nos pueda separar de ti.
Míranos con compasión como a Zaqueo
y hospédate en nuestra casa hoy.
Amén.

Sabiduría 11:22—12:2
Salmo 145:1–2,8–9,10–11,13,14
2 Tesalonicenses 1:11—2:2
Lucas 19:1–10

31 DE OCTUBRE

[Jesús dijo al jefe de los fariseos:] "Cuando des un banquete, invita a los pobres, a los lisiados, a los cojos y a los ciegos; y así serás dichoso, porque ellos no tienen con qué pagarte; pero ya se te pagará, cuando resuciten los justos".

—LUCAS 14:13–14

Casi todos tendemos a relacionarnos con personas que ocupan puestos importantes para sacar partido. El resultado es que hacemos caso omiso al mensaje de Jesús: hacer el bien a los demás no se debe hacer por interés. Hoy en día, el mejor ejemplo a seguir es el papa Francisco, que ha comido con los empleados del Vaticano así como lo hizo muchas veces con los pobres siendo obispo de Argentina. Meditemos en una de sus tantas frases que llegan al corazón:

"La caridad que deja a los pobres como están, no es suficiente".

Filipenses 2:1–4
Salmo 131:1bcde,2,3
Lucas 14:12–14

*Vi luego una muchedumbre tan grande, que nadie podía contarla. Eran
individuos de todas las naciones y razas, de todos los pueblos y lenguas.
Todos estaban de pie, delante del trono y del Cordero.*
—APOCALIPSIS 7:9

Todos los seres queridos que se han ido antes que nosotros,
viven frente a Dios. Ellos interceden por nosotros dando
impulso a nuestra vida. Parte de nosotros, por medio de
ellos, ya vive con Dios. Al ser recordados nunca morirán en
nuestro corazón. Meditemos hoy en la letanía de todos los
santos y santas de Dios, incluidos sus santos mártires.

Santos y santas de Dios, ¡rueguen por nosotros!

Apocalipsis 7:2–4,9–14
Salmo 24:1bc–2,3–4ab,5–6
1 Juan 3:1–3
Mateo 5:1–12a

En el día del juicio brillarán los justos
como chispas que se propagan en un cañaveral.
Juzgarán a las naciones y dominarán a los pueblos,
y el Señor reinará eternamente sobre ellos.
—SABIDURÍA 3:7

Hoy es un día especial para reflexionar acerca de la muerte, de la que nadie se escapa. Orar por los difuntos es una de las tradiciones más antiguas. Es muy explicable que, al día siguiente de celebrar a todos aquellos que han llegado a la intimidad con Dios, nos preocupemos por todos nuestros difuntos, que han muerto con la esperanza de resucitar.

¿Cómo me preparo para recibir la muerte? ¿Le doy importancia a este hecho tan certero en la vida?

Sabiduría 3:1–9
Salmo 23:1–3a,3b–4,5,6
Romanos 5:5–11 o 6:3–9
Juan 6:37–40
u otras lecturas

[Jesús dijo:] "Yo les aseguro que así también se alegran los ángeles de Dios por un solo pecador que se arrepiente".
—LUCAS 15:10

Jesús siempre buscaba al necesitado, al enfermo y al pecador. Como humano, nunca escatimó esfuerzos para estar con ellos y defenderlos de la opresión y la injusticia. Como Dios, su misericordia y perdón incondicional por la Salvación de todos es prioridad, a la par de su búsqueda continua del pecador alejado para acercarlo a su gracia.

San Martín de Porres, ¡ruega por nosotros!

Filipenses 3:3–8a
Salmo 105:2–3,4–5,6–7
Lucas 15:1–10

*Nosotros, en cambio, somos ciudadanos del cielo, de donde esperamos que
venga nuestro salvador Jesucristo. Él transformará nuestro cuerpo
miserable en un cuerpo glorioso, semejante al suyo.*
—FILIPENSES 3:20–21

En las charlas que se dan a los padres y padrinos para
el Bautismo de niños pequeños, se hace hincapié en que
somos herederos del cielo. El sacramento del Bautismo es
un compromiso serio de vivir y actuar de acuerdo a lo
que creemos. San Carlos Borromeo fue un gran ejemplo de
cristiano al llevar una vida auténticamente evangélica.

La coherencia de vida debe ser cosa de todos los días,
no solo de la misa dominical. ¿Llevo yo una vida
auténticamente evangélica?

Filipenses 3:17—4:21
Salmo 122:1–2,3–4ab,4cd–5
Lucas 16:1–8

"No hay criado que pueda servir a dos amos, pues odiará a uno y amará al otro, o se apegará al primero y despreciará al segundo. En resumen, no pueden ustedes servir a Dios y al dinero".

—LUCAS 16:13

El papa Francisco expresó el 22 de marzo de 2013 ante un grupo de diplomáticos: "¡Cuántos pobres hay todavía en el mundo! ¡Y cuánto sufrimiento afrontan estas personas! Según el ejemplo de Francisco de Asís, la Iglesia ha tratado siempre de cuidar, proteger en todos los rincones de la Tierra a los que sufren por la indigencia, y creo que en muchos de sus países pueden constatar la generosa obra de aquellos cristianos que se esfuerzan por ayudar a los enfermos, a los huérfanos, a quienes no tienen hogar y a todos los marginados, y que, de este modo, trabajan para construir una sociedad más humana y más justa".

Filipenses 4:10–19
Salmo 112:1b–2,5–6,8a y 9
Lucas 16:9–15

[Jesús dijo a los saduceos:] "Porque Dios no es Dios de muertos, sino de vivos, pues para él todos viven".
—LUCAS 20:38

Padre amoroso, ayúdanos a no ignorar la Resurrección que llevaste a cabo en tu Hijo Jesús. Oremos confiados a nuestro Dios con la oración sobre las ofrendas de este domingo:

> Mira, Señor, con bondad
> los dones que te presentamos
> a fin de que el sacramento
> de la muerte y Resurrección de tu Hijo
> nos alcance de ti la vida verdadera.
> Por Jesucristo nuestro Señor.
> Amén.

2 Macabeos 7:1–2,9–14
Salmo 17:1,5–6,8,15 (15b)
2 Tesalonicenses 2:16—3:5
Lucas 20:27–38 o 20:27,34–38

[Jesús dijo a sus discípulos:] "Si tu hermano te ofende, trata de corregirlo; y si se arrepiente, perdónalo. Y si te ofende siete veces al día, y siete veces viene a ti para decirte que se arrepiente, perdónalo".
—LUCAS 17:3–4

Lo bueno de todo es que Dios no mide el perdón como nosotros los humanos, que somos rencorosos y tercos para perdonar. La enseñanza del Evangelio nos invita a comprometernos a asumir la responsabilidad de la corrección fraterna. Solamente de este modo creceremos en familia, comunidad y sociedad para dejar de echar culpas a terceros. El compromiso de la reconciliación es de todos.

¿A quién debo perdonar? ¿Quién me ha ofendido que merece ser escuchado?

Tito 1:1–9
Salmo 24:1b–2,3–4ab,5–6
Lucas 17:1–6

[Jesús dijo a sus apóstoles:] "Así también ustedes, cuando hayan cumplido todo lo que se les mandó, digan: 'No somos más que siervos; sólo hemos hecho lo que teníamos que hacer'".
—LUCAS 17:10

Pensemos qué le diríamos a Jesús si nos pidiera nuestra opinión sobre esta enseñanza. ¿Cómo nos tocan personalmente estas palabras?

Señor, ayúdame a dar testimonio cristiano, a tener una fe firme y una esperanza constante en ti. Que sepa colaborar en mi familia, comunidad y sociedad para bien de todos.

Tito 2:1–8,11–14
Salmo 37:3–4,18 y 23,27 y 29
Lucas 17:7–10

El único cimiento válido es Jesucristo y nadie puede poner otro distinto.
¿No saben ustedes que son templo de Dios y que el Espíritu de Dios habita
en ustedes?
—1 CORINTIOS 3:11

La Basílica de Letrán es la catedral del Papa. De entre todas las iglesias de Occidente, esta es la primera en antigüedad y dignidad. La fiesta de esta dedicación ha de recordarnos que el ministerio del Papa, sucesor de Pedro, constituye para el pueblo el principio y el fundamento de la unidad de los cristianos del mundo entero. Pidamos hoy, especialmente, por las intenciones del papa Francisco.

Ezequiel 47:1–2,8–9,12
Salmo 46:2–3,5–6,8–9
1 Corintios 3:9c–11,16–17
Juan 2:13–22

10 DE NOVIEMBRE

*Los fariseos le preguntaron a Jesús: "¿Cuándo llegará el Reino de Dios?"
Jesús les respondió: "El Reino de Dios no llega aparatosamente. No se
podrá decir: 'Está aquí' o 'Está allá', porque el Reino de Dios ya está
entre ustedes".*
—LUCAS 17:20–21

El Reino de Dios no se anuncia con tambores y trompetas;
mucho menos con gritos y amenazas como lo hacen algunas
personas en los centros de grandes ciudades. El Reino es
discreto y está basado en la ternura; es una manera nueva de
ver la realidad en el entendimiento entre nosotros mismos.
El Reino es saber hacer relaciones interpersonales entre
Dios y los miembros de las comunidades. Pero
definitivamente ¡el Reino de Dios no es violencia!

Señor, que a ejemplo de san León Magno luchemos para
que el Reino sea fe que se traduzca en vida.

Filemón 7–20
Salmo 146:7,8–9a,9bc–10
Lucas 17:20–25

El amor consiste en vivir de acuerdo con los mandamientos de Dios.
—2 JUAN 6

Santifica, Señor, nuestras obras
en esta festividad del obispo san Martín,
y concédenos vivir tus mandamientos
a través de las penas y alegrías de esta vida.
Amén.

2 Juan 4–9
Salmo 119:1,2,10,11,17,18
Lucas 17:26–37

"Por la insistencia de esta viuda, voy a hacerle justicia para que no me siga molestando". [. . .] Jesús comentó: "Si así pensaba el juez injusto, ¿creen acaso que Dios no hará justicia a sus elegidos, que claman a él día y noche?"
—LUCAS 18:5–7

Todos afrontamos momentos difíciles como esta viuda. Su insistencia es de admirar y seguir su ejemplo es esencial para nuestra vida de oración. Orar sin tregua es importante. Aunque a veces parezca que Dios no escucha nuestros ruegos, si nuestras peticiones son hechas con fe, no serán olvidadas. ¡Dios es generoso!

Oremos en este día por las necesidades del mundo entero.

3 Juan 5–8
Salmo 112:1–2,3–4,5–6
Lucas 18:1–8

13 DE NOVIEMBRE

• XXXIII DOMINGO DEL TIEMPO ORDINARIO •

[Jesús respondió:] "Cuando oigan hablar de guerras y revoluciones, que no los domine el pánico, porque eso tiene que acontecer, pero todavía no es el fin".
—LUCAS 21:9

Este pasaje corresponde a los textos escatológicos de la Biblia, o relativos al final de los tiempos. Como estamos por terminar el año litúrgico, las lecturas de las Sagradas Escrituras nos proponen pasajes para reflexionar y meditar en la oración y en el final de los tiempos. Mientras tanto, cada día es una gran oportunidad de prepararnos para la segunda venida del Señor.

¡No perdamos el tiempo en tonterías! Usemos el tiempo compartiendo paz y alegría con los demás.

Malaquías 3:19–20a
Salmo 98:5–6,7–8,9
2 Tesalonicenses 3:7–12
Lucas 21:5–19

14 DE NOVIEMBRE

[Jesús preguntó:] "¿Qué quieres que haga por ti?" Él contestó: "Señor, que vea". Jesús le dijo: "Recobra la vista; tu fe te ha curado".
—LUCAS 18:41–42

Meditemos por unos momentos en uno de los himnos de las vísperas de la Liturgia de las Horas.

> Libra mis ojos de la muerte;
> dales la luz que es su destino.
> Yo, como el ciego del camino,
> pido un milagro para verte.
> Dame, Señor, el poder verte,
> en cada momento de mi fe,
> desfallecida.
> Amén.

Apocalipsis 1:1–4;2:1–5
Salmo 1:1–2,3,4 y 6
Lucas 18:35–43

Martes

15 DE NOVIEMBRE

• SAN ALBERTO MAGNO, OBISPO Y DOCTOR DE LA IGLESIA •

[Jesús dijo:] "Hoy ha llegado la salvación a esta casa, porque también el hijo de Abraham, y el Hijo del hombre ha venido a buscar y a salvar lo que se había perdido".
—LUCAS 19:9–10

Gracias, Señor, por entrar en mi hogar para
    bendecirlo.
Gracias, Señor, por tu constante invitación a servir en
    tu reino.
Gracias, Señor, por haberme salvado con tu muerte y
    resurrección.
Gracias, Señor, por tu amor incondicional en la
    Eucaristía.
Amén.

Apocalipsis 3:1–6,14–22
Salmo 15:2–3a,3bc–4ab,5
Lucas 19:1–10

16 DE NOVIEMBRE

• SANTA MARGARITA DE ESCOCIA • SANTA GERTRUDIS, VIRGEN •

"Señor y Dios nuestro,
tú mereces recibir la gloria, el honor y el poder,
porque tú has creado todas las cosas:
tú has querido que ellas existieran y fueran creadas".
—APOCALIPSIS 4:11

Santa Margarita de Escocia supo dar gloria y honor a Dios con su vida. Fue religiosa casada con Malcom III, con quien tuvo ocho hijos. Gracias a su cultura, su tacto político y su espléndida caridad, influyó profundamente en su marido y en la renovación religiosa de su pueblo.

¿Qué puedo imitar de ella? ¿Cómo influyen las esposas de nuestro tiempo en sus maridos para llegar a la santidad? Santa Margarita de Escocia, ¡ruega por nosotros!

Apocalipsis 4:1–11
Salmo 150:1b–2,3–4,5–6
Lucas 19:11–28

17 DE NOVIEMBRE

• SANTA ISABEL DE HUNGRÍA, RELIGIOSA •

"Tú eres digno de tomar el libro
y de abrir sus sellos,
porque fuiste sacrificado
y con tu sangre compraste para Dios
hombres de todas razas y lenguas,
de todos los pueblos y naciones,
y con ellos has constituido un reino de sacerdotes,
que servirán a nuestro Dios y reinarán sobre la tierra".
—APOCALIPSIS 5:9–10

En la oración de este día meditemos sobre la Pasión de nuestro Señor Jesucristo. Solo él es digno de entrar en la miseria que llevamos dentro y sanarla.

Señor, concédeme ver tu grandeza y realeza, ahí donde eres Rey, en la cruz. ¡Bendito seas, Señor!

Apocalipsis 5:1–10
Salmo 149:1b–2,3–4,5–6a y 9b
Lucas 19:41–44

Viernes

18 DE NOVIEMBRE

• DEDICACIÓN DE LAS BASÍLICAS DE SAN PEDRO Y SAN PABLO, APÓSTOLES •
SANTA ROSA FILIPINA DUCHESNE, VIRGEN •

Aquel día, Jesús entró en el templo y comenzó a echar fuera a los que
vendían y compraban allí, diciéndoles: "Está escrito: 'Mi casa es casa de
oración'; pero ustedes la han convertido en 'cueva de ladrones'".
—LUCAS 19:45–46

El Evangelio nos presenta una actitud de Jesús no muy
común en él. Saca a los vendedores del templo, por la falta
de respeto para la casa de oración de su Padre.

Si Jesús viniera ahora a nuestras iglesias, ¿a quien echaría
fuera? ¿Son nuestras iglesias verdaderos lugares de
encuentro y oración? San Pedro y san Pablo, ¡rueguen
por nosotros!

Apocalipsis 10:8–11
Salmo 119:14,24,72,103,111,131
Lucas 19:45–48

⋍ 356 ⋐

[Jesús dijo a los saduceos:] "En esta vida, hombres y mujeres se casan, pero en la vida futura, los que sean juzgados dignos de ella y de la Resurrección de los muertos, no se casarán ni podrán morir, porque serán como ángeles e hijos de Dios, pues él los habrá resucitado".
—LUCAS 20:34–36

El diálogo surge a causa de la Resurrección, ya que los saduceos la negaban. Como muchas personas también hoy día niegan que exista. Sin embargo, para los que creemos y esperamos en ella, es un punto esencial de nuestra fe. Cristo murió y resucitó por cada uno de nosotros. Que no nos quepa la menor duda. Será algo completamente nuevo y hermoso.

Apocalipsis 11:4–12
Salmo 144:1b,2,9–10
Lucas 20:27–40

20 DE NOVIEMBRE

• NUESTRO SEÑOR JESUCRISTO, REY DEL UNIVERSO •

[Jesús le respondió al malhechor:] "Yo te aseguro que hoy estarás conmigo en el paraíso".
—LUCAS 23:43

Recordemos que, con la Solemnidad de Cristo Rey, termina el Tiempo Ordinario y da comienzo el Adviento. En este tiempo tan especial, la Iglesia nos invita a reflexionar sobre cómo somos parte de la eternidad. El calendario litúrgico es una forma de mostrar cómo Dios camina a nuestro lado. La liturgia constantemente nos llama a entrar a este caminar hacia lo infinito. Este tiempo de Adviento es único para acercarnos al recién nacido.

¡Viva Cristo Rey!

2 Samuel 5:1–3
Salmo 122:1–2,3–4,4–5
Colosenses 1:12–20
Lucas 23:35–43

21 DE NOVIEMBRE

• PRESENTACIÓN DE LA SANTÍSIMA VIRGEN MARÍA •

*Vio también a una viuda pobre, que echaba allí dos moneditas, y dijo:
"[. . .] esa pobre viuda ha dado más que todos. Porque estos dan a Dios de
lo que les sobra; pero ella, en su pobreza, ha dado todo lo que tenía
para vivir".*
—LUCAS 21:3–4

Hoy celebramos con gran alegría la entrega que de sí misma
hizo la santísima Virgen María al Señor.

> Dulce Madre, no alejes tu vista de mí,
> no te apartes, ven conmigo a todas partes
> y solo nunca me dejes.
> Tú que nos proteges tanto
> como verdadera Madre,
> haz que nos bendiga el Padre,
> el Hijo y el Espíritu Santo.
> Amén.

Apocalipsis 14:1–3,4b–5
Salmo 24:1bc–2,3–4ab,5–6
Lucas 21:1–4

Martes

22 DE NOVIEMBRE

• SANTA CECILIA, VIRGEN Y MÁRTIR •

[Jesús] les respondió: "Cuídense de que nadie los engañe porque muchos vendrán usurpando mi nombre y dirán: 'Yo soy el Mesías'. El tiempo. El tiempo ha llegado".
—LUCAS 21:8

Santa Cecilia no se dejó engañar con bagatelas y falsas promesas. Pasó por el martirio sabiendo perfectamente quién era el Mesías. Ella es recordada como patrona de los músicos debido a un pasaje del relato de la pasión de los mártires Cecilia, Valeriano y Tiburcio.

Señor, que por intercesión de santa Cecilia, virgen y mártir, nos des tu misericordia y la gracia de vivir buscándote en cada momento de nuestra vida.

Apocalipsis 14:14–19
Salmo 96:10,11–12,13
Lucas 21:5–11

23 DE NOVIEMBRE

• SAN CLEMENTE I, PAPA Y MÁRTIR * SAN COLUMBANO, ABAD * BEATO
MIGUEL AGUSTÍN PRO, PRESBÍTERO Y MÁRTIR •

"Grandes y maravillosas son tus obras,
Señor, Dios todopoderoso;
justo y verdadero tu proceder,
rey de las naciones.
¿Quién no te respetará, Señor?
¿Quién no te alabará?
Ya que sólo tú eres santo,
y todas las naciones
vendrán a adorarte,
porque tus justas sentencias han quedado patentes".
—APOCALIPSIS 15:3–4

¡Bendito y alabado seas por siempre, Señor Dios
del universo!

Apocalipsis 15:1–4
Salmo 98:1,2–3ab,7–8,9
Lucas 21:12–19

*[Jesús dijo a sus discípulos:] "Cuando estas cosas comiencen a suceder,
pongan atención y levanten la cabeza, porque se acerca la hora
de la liberación".*
—LUCAS 21:28

Levantar la cabeza, estar alerta con las sandalias puestas y la
lámpara encendida, porque el día de la liberación está cerca.
Todas estas instrucciones que Jesús daba a sus discípulos
y a la gente que lo escuchaba no tienen otro significado
más que este: estar listos para su llegada. ¿Cuándo será?
¿Estaremos preparados para ello? ¿Estaremos a tiempo para
los últimos días de nuestra vida? Cada momento de nuestra
vida está dado para el cambio para la conversión.

¡Los mártires de hoy son nuestro ejemplo!

Apocalipsis 18:1–2,21–23; 19:1–3,9a
Salmo 100:1b–2,3,4,5
Lucas 21:20–28

25 DE NOVIEMBRE

[Jesús dijo:] "Cuando vean que suceden las cosas que les he dicho, sepan que el Reino de Dios está cerca".
—LUCAS 21:31

Estas últimas lecturas del Evangelio nos indican lo que sucederá al final de los tiempos. Cosas aparatosas sucederán, acontecimientos que quizá nos ocasionen miedo. Sin embargo, la liturgia de este tiempo nos llena de esperanza y nos invita a prepararnos para un cambio de actitud desde el fondo de nuestro corazón. Solo así seremos testigos del Reino.

Señor, que esté atento a tu Palabra y que mi vida refleje su belleza.

Apocalipsis 20:1–4,11—21:2
Salmo 84:3,4,5–6a y 8a
Lucas 21:29–33

Sábado

26 DE NOVIEMBRE

*[Jesús dijo a sus discípulos:] "Velen, pues, y hagan
oración continuamente".*
—LUCAS 21:36

La Tradición de la Iglesia es rica en variedad de formas
de oración. Tenemos oraciones de alabanza, de acción de
gracias, de petición y de contemplación, por mencionar
algunas. Nuestros abuelos y padres nos enseñaron las
primeras oraciones y novenas a Dios y a los santos. Los
grandes místicos han sido también nuestros maestros para
llevar a cabo nuestra relación con Dios.

¿Cuáles son mis oraciones o novenas favoritas? ¿Dedico un
tiempo especial a la oración? ¿Enseño a los pequeños del
hogar a orar?

Apocalipsis 22:1–7
Salmo 95:1–2,3–5,6–7ab
Lucas 21:34–36

Ya es hora de que despierten del sueño, porque ahora nuestra salvación está más cerca que cuando empezamos a creer.
—ROMANOS 13:11

Damos comienzo al Adviento del tiempo litúrgico del ciclo A; tiempo que nos prepara a la doble venida del Señor. La venida histórica, por medio del "sí" de la Virgen María con la Encarnación de su Hijo, y la escatológica, con la segunda venida del Señor. Hoy se nos invita a la vigilancia, a despertar del sueño que nos impide esperar al Mesías. El Adviento es para disipar dudas, así, que, no nos confundamos. ¡Es en nuestro corazón donde quiere nacer el Niño!

¿Cómo prepararé este nacimiento con mi familia? ¿Cómo me prepararé personalmente? ¡Ven, Señor, no tardes!

Isaías 2:1–5
Salmo 122:1–2,3–4,4–5,6–7,8–9
Romanos 13:11–14
Mateo 24:37–44

Aquel día, el vástago del Señor será magnífico y glorioso.
—ISAÍAS 4:2

La Iglesia nos invita a esperar y celebrar el nacimiento de Jesús con toda intensidad. Nos lleva paso a paso a meditar sobre los protagonistas del Adviento: María, José, Juan el Bautista, los pastores y los profetas. Ellos serán parte importante de esta gran espera.

Señor Jesús, no tardes en llegar a nuestra vida. Te necesitamos para que seas la alegría y el don que llene nuestro corazón. ¡Ven, Señor!

Isaías 4:2–6
Salmo 122:1–2,3–4b,4cd–5,6–7,8–9
Mateo 8:5–11

29 DE NOVIEMBRE

*No juzgará por apariencias,
ni sentenciará de oídas;
defenderá con justicia al desamparado
y con equidad dará sentencia al pobre.*
—ISAÍAS 11:3–4

La preocupación de Dios por los pobres y los humildes es una constante desde la antigüedad. Celebrar el Adviento ahora es girar nuestra mirada a los pobres de nuestra familia y comunidad. Es vaciar el corazón por la justicia; es dejarnos modelar por el Espíritu Santo para que nos ayude a discernir lo que nos conviene.

Señor, concédeme no juzgar a los que me rodean por su apariencia, a no clasificar a las personas por su raza y cultura. ¡Mírame, Señor, y ven!

Isaías 11:1–10
Salmo 72:1–2,7–8,12–13,17
Lucas 10:21–24

30 DE NOVIEMBRE

• SAN ANDRÉS, APÓSTOL •

[Pedro y Andrés] inmediatamente dejaron las redes y lo siguieron.
—MATEO 4:20

Andrés es uno de los primeros apóstoles que encuentra al Señor en las orillas del río Jordán. Él conduce a su hermano Pedro ante Jesús. La tradición afirma que fue crucificado en Patras, después de predicar el Evangelio en Grecia.

¿Qué personas me han acercado al Señor. ¿Han sido mis padres, catequistas, amigos o uno de mis hermanos, como a Pedro su hermano Andrés? San Andrés apóstol, ¡ruega por nosotros!

Romanos 10:9–18
Salmo 19:8,9,10,11
Mateo 4:18–22

1 DE DICIEMBRE

*[Jesús dijo a sus discípulos:] "No todo el que me diga '¡Señor, Señor!',
entrará en el Reino de los cielos, sino el que cumpla la voluntad de mi
Padre, que está en los cielos".*
—MATEO 21:21

El Adviento es un tiempo para reflexionar. No se trata solamente de comprar regalos, adornar la casa con luces de colores y enviar tarjetas navideñas con mensajes bonitos. Lo más importante es la conversión del corazón, la reconciliación personal con nuestros seres queridos, sin dejar de lado la lucha constante por la justicia y la paz.

Señor, ayúdame a no ser aguafiestas, sino a prepararme para tu venida con la mente y el corazón dispuestos a cumplir lo que me pidas. ¡Ven pronto, Señor!

Isaías 26:1–6
Salmo 118:1 y 8–9,19–21,25–27a
Mateo 7:21,24–27

Cuando Jesús salía de Cafarnaúm, lo siguieron dos ciegos, que gritaban: "¡Hijo de David, compadécete de nosotros!" Al entrar Jesús a la casa, se acercaron los ciegos y Jesús les preguntó: "¿Creen que puedo hacerlo?" Ellos contestaron: "Sí, Señor".
—MATEO 9:27–28

El Adviento nos invita a seguir reconociendo la grandeza del Señor. Estos dos ciegos pidieron con fe y esperanza que se les devolviera la vista. ¡Qué felicidad para ellos poder contemplar al Hijo de Dios!

Por esa razón no callaron la Buena Noticia sino que la proclamaron a su alrededor.

¿Haré lo mismo? Si Jesús me dijera "Que se haga conforme a tu fe", ¿se llevaría a cabo mi petición? ¡Ven, Señor, ven pronto para que vea!

Isaías 29:17–24
Salmo 27:1,4,13–14
Mateo 9:27–31

Sábado

3 DE DICIEMBRE

• SAN FRANCISCO JAVIER, PRESBÍTERO •

Esto dice el Señor Dios de Israel: [. . .]
"Con tus oídos oirás detrás de ti una voz que te dirá:
'Este es el camino.
Síguelo sin desviarte,
Ni a la derecha, ni a la izquierda'".
—ISAÍAS 30:19,21

La actividad de Jesús en el Evangelio de Mateo tiene varios momentos. Como maestro, anunciándonos la Buena Nueva; como médico, curando y sanando enfermedades físicas y psicológicas; como pastor, compadeciéndose de su rebaño. Jesús se compadecía de las multitudes y las organizaba para que pudieran vivir en paz y con justicia.

¿Qué le pido a Dios que sane en mí? ¿Qué enseñanza aprenderé este Adviento? ¿Qué hago en mi familia y comunidad para que no se desvíen del camino recto? ¡Ven, Señor, y muéstrame el camino!

Isaías 30:19–21,23–26
Salmo 147:1–2,3–4,5–6
Mateo 9:35—10:1,5a,6–8

4 DE DICIEMBRE

Comenzó Juan el Bautista a predicar en el desierto de Judea, diciendo: "Arrepiéntanse, porque el reino de los cielos está cerca". Juan es aquel de quien el profeta Isaías hablaba, cuando dijo: "'Una voz clama en el desierto: Preparen el camino del Señor, enderecen sus senderos'".

—MATEO 3:1–3

Cambiar de mentalidad y de actitud, vivir enderezando los senderos y allanando las asperezas que nos impiden convivir, colaborar y compartir. Este sería el mensaje de Juan para la sociedad actual. Es un llamado a la conversión, a la esperanza alegre de mirar al hermano extranjero y al inmigrante como si fuera del propio país.

¡Ven, Señor, endereza mi camino y derriba las fronteras!

Isaías 11:1–10
Salmo 72:1–2,7–8,12–13,17
Romanos 15:4–9
Mateo 3:1–12

5 DE DICIEMBRE

Se iluminarán entonces los ojos de los ciegos
y los oídos de los sordos se abrirán.
Saltará como un venado el cojo
y la lengua del mudo cantará.
—ISAÍAS 35:5–6

Señor, despierta en mí el deseo de prepararme para la venida de Cristo con la práctica de las obras de misericordia. Permíteme reflexionar en lo que implica ser fiel al llamado de seguir al Señor.

¿Qué estoy haciendo para prepararme para cuando llegue el Señor? ¡Ven, Señor, y abre mis ojos para contemplarte!

Isaías 35:1–10
Salmo 85:9ab y 10,11–12,13–14
Lucas 5:17–26

"Aquí está su Dios. / Aquí llega el Señor, lleno de poder, / el que con su brazo lo domina todo. / El premio de su victoria lo acompaña / y sus trofeos lo anteceden. / Como pastor apacentará a su rebaño; / llevará en sus brazos a los corderitos recién nacidos / y atenderá solícito a sus madres".

—ISAÍAS 40:9–11

Con fe, pidámosle a Dios que escuche la oración que le dirigimos en este Adviento, para que este tiempo sea para todos nosotros de renovación y esperanza.

¡Ven pronto, Señor!

Isaías 40:1–11
Salmo 96:1–2,3 10ac,11–12,13
Mateo 18:12–14

7 DE DICIEMBRE

• SAN AMBROSIO, OBISPO Y DOCTOR DE LA IGLESIA •

[Jesús dijo:] "Tomen mi yugo sobre ustedes y aprendan de mí, que soy manso y humilde de corazón".
—MATEO 11:29

¿A quién se dirigirá Jesús con estas palabras? Pues a todos aquellos que se sienten pobres, sencillos y necesitados de él. La vida tiene muchas dificultades y fatigas: hambre, guerra, violencia, falta de sano juicio en las familias y la sociedad. Este tiempo de Adviento es una gran lección para todos. Jesús nació sin privilegios ni lujos. Es solidario con los pobres y su carga ligera se transforma en ternura para los sencillos y humildes.

¡Señor, ven y aliviana mi carga!

Isaías 40:25–31
Salmo 103:1–2,3–4,8 10
Mateo 11:28–30

8 DE DICIEMBRE

• SOLEMNIDAD DE LA INMACULADA CONCEPCIÓN DE LA SANTÍSIMA VIRGEN
MARÍA •

*[María contestó:] "Yo soy la esclava del Señor, cúmplase en mí lo que me
has dicho". Y el ángel se retiró de su presencia.*
—LUCAS 1:38

¡María! Niña hermosa, virgen pura,
cándida paloma, blanca azucena,
brillante lirio, fragante rosa,
cielo divino, alegría del pueblo que te ama,
dulzura de mi corazón.
Grandes cosas se dicen de ti, María,
por ser la madre del Redentor.
Amén.

Génesis 3:9–15,20
Salmo 98:1,2–3ab,3cd–4
Efesios 1:3–6,11–12
Lucas 1:26–38

9 DE DICIEMBRE

• SAN JUAN DIEGO CUAUHTLATOATZIN •

"Yo soy el Señor, tu Dios,
el que te instruye en lo que es provechoso,
el que te guía por el camino que debes seguir.
¡Ojalá hubieras obedecido mis mandatos!
Sería tu paz como un río
y tu justicia, como las olas del mar."
—ISAÍAS 48:17–18

Todos los que buscamos al Señor necesitamos una conversión en proceso continuo. A eso se refiere la Palabra cuando dice "ojalá hubieras obedecido mis mandatos".

Hoy celebramos a san Juan Diego, quien sí supo ser discípulo obediente ante la petición de la Señora del Cielo.

¿Cómo podremos construir el presente y el futuro del mundo? ¿Cómo podremos abrir caminos para las generaciones presentes y futuras? ¿Cómo ser puentes entre las culturas? ¡Ven, Señor Jesús, a salvarnos!

Isaías 48:17–19
Salmo 1:1–2,3,4 y 6
Mateo 11:16–19

10 DE DICIEMBRE

Dichosos los que te vieron
y murieron gozando de tu amistad;
pero más dichosos
los que estén vivos cuando vuelvas.
—ECLESIÁSTICO (SIRÁCIDE) 48:9-11

El Adviento es el tiempo de sentir la presencia de Dios en el calor del hogar. Los días son más cortos y las noches más largas. Pasamos tiempo comprando y dando regalos, creyendo que eso es suficiente para celebrar la Navidad. Sin embargo, para sentir el gozo del Evangelio de este momento, debemos ser testigos verdaderos de la dicha de que Dios sea el centro de la familia.

¡Te esperamos, ven a casa!

Eclesiástico (Sirácide) 48:1-4,9-11
Salmo 80:2ac y 3b,15-16,18-19
Mateo 17:9a,10-13

Vean cómo el labrador, con la esperanza de los frutos preciosos de la tierra, aguarda pacientemente las lluvias tempraneras y las tardías. Aguarden también ustedes con paciencia y mantengan firme el ánimo, porque la venida del Señor está cerca.

—SANTIAGO 5:7–8

La esperanza es un deseo, pero no todos los deseos son esperanza. La esperanza se da a conocer por la espera paciente y generosa de la vida.

Este domingo se hace énfasis sobre todo en el aspecto de gozosa expectativa que san Agustín define así: "No me buscarías si no me hubieras encontrado ya". Esto quiere decir que no esperaríamos con alegría la venida del Señor si no lo tuviéramos ya con nosotros. ¡Ven, Señor Jesús!

Isaías 35:1–6a,10
Salmo 146:6–7,8–9,9–10
Santiago 5:7–10
Mateo 11:2–11

Lunes

12 DE DICIEMBRE

• NUESTRA SEÑORA DE GUADALUPE •

Apareció entonces en el cielo una figura prodigiosa: una mujer envuelta por el sol, con la luna bajo sus pies y una corona de doce estrellas en la cabeza. Estaba encinta y a punto de dar a luz.
—APOCALIPSIS 12:1–2

El Nican Mopohua relata las apariciones de la Virgen de Guadalupe y sintetiza la importancia de nuestra fe en su Hijo, Jesús: "Oye y ten entendido, hijo mío el más pequeño, que es nada lo que te asusta y aflige. No se turbe tu corazón ni te inquiete cosa alguna. ¿No estoy yo aquí que soy tu madre? ¿No estás, por ventura, en mi regazo?".

Confiemos en que la Madre de Dios está con nosotros y nos trae este Adviento el amor de su Hijo. ¡Ven ya pronto, Señor!

Zacarías 2:14–17 o
Apocalipsis 11:19a; 12:1–6a,10ab
Judith 13:18bcde,19
Lucas 1:26–38 o 1:39–47

Martes

13 DE DICIEMBRE

• SANTA LUCÍA, VIRGEN Y MÁRTIR •

Desde más allá de los ríos de Etiopía,
hasta las últimas regiones del norte,
los que me sirven me traerán ofrendas.
—SOFONÍAS 3:10

Santa Lucía ofreció la ofrenda de su vida al Señor en tiempos de la sangrienta persecución desatada por el emperador Diocleciano. Imagen de la luz y patrona de los ciegos, Lucía es venerada y querida en todo el mundo.

¿Qué ofrendas y qué regalos traeré al Señor en esta Navidad? ¡Ven, Señor, e ilumina mi vida con la luz de tu Espíritu!

Sofonías 3:1–2,9–13
Salmo 34:2–3,6–7,17–18,19 y 23
Mateo 21:28–32

14 DE DICIEMBRE

• SAN JUAN DE LA CRUZ, PRESBÍTERO Y DOCTOR DE LA IGLESIA •

"Dejen, cielos, caer su rocío
y que las nubes lluevan al justo;
que la tierra se abra y haga germinar al salvador
y que brote juntamente la justicia.
Yo, el Señor, he creado todo esto".
—ISAÍAS 45:8

Estas líneas resumen el misterio de la Salvación para toda la humanidad. Dios nos colma de su amor y su gracia enviándonos a su Hijo. Este tiempo litúrgico nos ayuda a reflexionar en ese amor de Dios donde el cielo y la tierra se unen haciendo realidad ese misterio encarnado. San Juan de la Cruz, religioso carmelita, descubre ese hermoso misterio en las cumbres de la vida mística.

¡Ven, Señor, a quitarnos las tinieblas del pecado!

Isaías 45:6b–8,18,21b–25
Salmo 85:9ab y 10,11–12,13–14
Lucas 7:18b–23

Ensancha el espacio de tu tienda,
despliega sin miedo las lonas,
alarga las cuerdas, clava bien las estacas,
porque te extenderás a derecha y a izquierda:
tu estirpe heredará las naciones
y poblará las ciudades desiertas.
—ISAÍAS 54:2–3

Ya casi estamos por celebrar la Navidad y el profeta Isaías, fiel compañero de nuestra jornada de Adviento, nos sigue guiando a la meta indicándonos una forma nueva de vivir. Sus palabras *ensancha, despliega, no tengas miedo, alarga, extiéndete a derecha y a izquierda*, no son palabras pasivas; son pura acción. Todas ellas se resumen en una palabra: el amor que está entre nosotros.

¡Ven, Señor, y disipa mis miedos!

Isaías 54:1–10
Salmo 30:2 y 4,5–6,11–12a y 13b
Lucas 7:24–30

16 DE DICIEMBRE

[Jesús dijo a los judíos:] "Las obras que el Padre me ha concedido realizar y que son las que yo hago, dan testimonio de mí y me acreditan como enviado del Padre".
—JUAN 5:36

Que tu gracia, Señor, nos disponga
con un corazón lleno de gozo
a estar preparados para la venida de tu Hijo,
que esperamos con ardiente deseo.
Y que junto con el coro de tu Iglesia
te sigamos cantando.
¡Ven, Señor Jesús!
Amén.

Isaías 56:1–3a,6–8
Salmo 67:2–3,5,7–8
Juan 5:33–36

Jacob engendró a José, el esposo de María, de la cual nació Jesús,
llamado Cristo.
—MATEO 1:16

El Evangelio de Mateo comienza con una detallada genealogía que presenta a los antepasados de Jesús. Era importante su estatus de pertenencia e identidad personal a una familia y a una comunidad. Y es lo mismo para nosotros: nuestra familia es importante; nuestra cultura y nuestras tradiciones son claves para sentir ese lazo de pertenencia e identidad. Como bautizados, pertenecemos a la gran familia de Dios.

¿Pienso en lo que significa ese gran honor? ¿Cuál es mi comportamiento como hijo de Dios?

¡Gracias, Señor, por dejarme pertenecer a tu familia!

Génesis 49:2,8–10
Salmo 72:1–2,3–4ab,7–8,17
Mateo 1:1–17

[Entonces dijo Isaías:] "Pues bien, el Señor mismo les dará por eso una señal: He aquí que la virgen concebirá y dará a luz un hijo y le pondrán el nombre de Emmanuel, que quiere decir Dios-con-nosotros".

—ISAÍAS 7:14

Todos tenemos una misión que cumplir con el nacimiento del Señor. Puede ser perdonar viejas rencillas familiares, saludar al vecino que no nos cae bien, recibir al hijo que se ha ido de casa por falta de diálogo. Este es el tiempo que Dios nos permite. Hagámoslo ya para poder celebrar la Navidad en un ambiente familiar con olor a pan de la mesa del hogar y a pan de la Eucaristía.

¡Ven, Emmanuel, nace en mi corazón!

Isaías 7:10–14
Salmo 24:1–2,3–4,5–6 (7c y 10b)
Romanos 1:1–7
Mateo 1:18–24

19 DE DICIEMBRE

El ángel le dijo: "No temas, Zacarías, porque tu súplica ha sido escuchada.
Isabel, tu mujer, te dará un hijo, a quien le pondrás el nombre de Juan".
—LUCAS 1:13

Vendrá Cristo nuestro Rey, el Cordero de Dios
cuya venida fue anunciada por Juan.
Señor, que sea dador de buenas noticias,
que anuncie la paz y denuncie la injusticia.
¡Ven pronto, Señor!

Jueces 13:2–7,24–25a
Salmo 71:3–4a,5–6ab,16–17
Lucas 1:5–25

20 DE DICIEMBRE

[El ángel dijo a María:] "No temas, María, porque has hallado gracia
ante Dios. Vas a concebir y a dar a luz un hijo y le pondrás
por nombre Jesús".
—LUCAS 1:30–31

Oremos:

> Te rogamos, Señor,
> que infundas la gracia en nuestros corazones,
> para que los que hemos conocido,
> por el anuncio del ángel,
> la Encarnación de tu Hijo, por su Pasión y su cruz,
> lleguemos a la gloria de la Resurrección.
> Por Jesucristo nuestro Señor.
> Amén.

Isaías 7:10–14
Salmo 24:1–2,3–4ab,5–6
Lucas 1:26–38

Levántate, amada mía, hermosa mía, y ven.
Paloma mía, que anidas en las hendiduras de las rocas,
en las grietas de las peñas escarpadas,
déjame ver tu rostro y hazme oír tu voz,
porque tu voz es dulce y tu rostro encantador.
—CANTAR DE LOS CANTARES 2:3–4

El amado está por llegar, nos dice la lectura del Cantar de los Cantares. Su rostro encantador y su voz dulce están en cada persona que nos rodea. No ignoremos su presencia, especialmente en los pobres y desamparados.

¡Ven, amado mío. No tardes!

Cantar de los Cantares 2:8–14 o
Sofonías 3:14–18a
Salmo 33:2–3,11–12,20–21
Lucas 1:39–45

Jueves

22 DE DICIEMBRE

[María dijo:] "Mi alma glorifica al Señor
y mi espíritu se llena de júbilo en Dios, mi salvador,
porque puso sus ojos en la humildad de su esclava.
Desde ahora me llamarán dichosa todas las generaciones,
porque ha hecho en mí grandes cosas el que todo lo puede".
—LUCAS 1:46–49

Oremos, con confianza, a María, madre de Dios y
Madre nuestra:

Dios te salve, reina y madre. A tus cuidados
confío las necesidades de todos nosotros,
las alegrías de los niños, la ilusión de los jóvenes,
el desvelo de los adultos, el dolor de los enfermos,
el sereno atardecer de los ancianos,
las esperanzas de los inmigrantes.
Amén.

¡Ven, Señora nuestra! ¡Gracias por darnos a tu Hijo, Jesús!

1 Samuel 1:24–28
1 Samuel 2:1,4–5,6–7,8abcd
Lucas 1:46–56

[Zacarías] pidió una tablilla y escribió: "Juan es su nombre". Todos se quedaron extrañados. En ese momento a Zacarías se le soltó la lengua, recobró el habla y empezó a bendecir a Dios.
—LUCAS 1:63–64

Ya está aquí el nuevo mensajero, Juan el Bautista, llamado exclusivamente para preparar el camino del Señor por medio de un bautismo de conversión. Su nacimiento fue importante, porque realmente la mano del Señor estaba con él.

¿De quién soy heraldo? ¿Quiénes han sido los mensajeros que me han ayudado a encontrar al Señor? ¡Ven pronto, Señor!

24 DE DICIEMBRE

"Por la entrañable misericordia de nuestro Dios,
nos visitará el sol que nace de lo alto,
"para iluminar a los que viven en tinieblas y en sombras de muerte",
para guiar nuestros pasos por el camino de la paz".
—LUCAS 1:78–79

Si estamos atentos, en la Navidad aprenderemos una de las lecciones más hermosa de nuestra vida. Dios quiso habitar con nosotros. Nació pobre para conocer todo lo que oprime al ser humano: el dolor, el hambre, la desnudez, la pobreza, la soledad, la tristeza, la enfermedad, la violencia, el maltrato y la muerte. Y al final dio su vida por nosotros en la cruz.

Este es nuestro Dios. ¡Venid, adorémosle!

MISA VESPERTINA DE
LA VIGILIA
2 Samuel 7:1–5,8b–12,14a,16
Salmo 89:2–3,4–5,27 y 29
Lucas 1:67–79

25 DE DICIEMBRE

• NATIVIDAD DEL SEÑOR (NAVIDAD) •

Encontraron [los pastores] a María, a José y al niño, recostado en el
pesebre. Después de verlo, contaron lo que se les había dicho de aquel niño,
y cuantos los oían quedaban maravillados.
—LUCAS 2:16–17

Cantemos de alegría, porque nos ha nacido
　　el Salvador.
Vayamos como los pastores a ver a ese Niño.
Contemos las maravillas que Dios ha hecho
　　por nosotros.
Hoy se ha manifestado la gloria del Señor a nosotros.
Paz a todos los hombres y mujeres que promueven
　　la justicia.

MISA VESPERTINA DE
LA VIGILIA
Isaías 62:1–5
Salmo 89:4–5,16–17,27,29 (2a)
Hechos 13:16–17,22–25
Mateo 1:1–25 o 1:18–25

MISA DE LA NOCHE
Isaías 9:1–6
Salmo 96:1–2,2–3,11–12,13
Tito 2:11–14
Lucas 2:1–14

MISA DE LA AURORA
Isaías 62:11–12
Salmo 97:1,6,11–12
Tito 3:4–7
Lucas 2:15–20

MISA DEL DÍA
Isaías 52:7–10
Salmo 98:1,2–3,3–4,5–6 (3c)
Hebreos 1:1–6
Juan 1:1–18 o 1:1–5,9–14

Mientras lo apedreaban, Esteban repetía esta oración: "Señor Jesús, recibe mi espíritu". Después se puso de rodillas y dijo con fuerte voz: "Señor, no tomes en cuenta este pecado". Diciendo esto, se durmió en el Señor.
—HECHOS 7:59–60

Es raro que un día después de celebrar con gran gozo el nacimiento del Salvador, ahora se nos presente el martirio de san Esteban. ¿Qué nos indica la liturgia con este hecho? Seguir a Cristo no es fácil puesto que existen muchas dificultades que afrontar cada día de la jornada. San Esteban fue el primer discípulo en dar su vida por Jesucristo, y por eso es llamado *protomártir*.

¿Vivo como un verdadero discípulo de Jesucristo?

Hechos 6:8–10,7:54–59
Salmo 31:3cd–4,6 y 8ab,16bc y 17
Mateo 10:17–22

Les anunciamos, pues, lo que hemos visto y oído, para que ustedes estén unidos con nosotros, y juntos estemos unidos con el Padre y su Hijo, Jesucristo. Les escribimos esto para que se alegren y su alegría sea completa.
—1 JUAN 1:3–4

Un cristiano triste es un triste cristiano. El apóstol Juan nos indica lo contrario en su carta: ser cristianos alegres. Dios ya está aquí entre nosotros. Alegría, regocijo y gozo son las palabras claves para seguir disfrutando en sentido cristiano la Navidad. ¡Gracias, Señor, por poner tu tienda entre nosotros!

¿Siento y anuncio a Dios? ¿O sigo navegando en las tinieblas de la incertidumbre y la duda?

1 Juan 1:1–4
Salmo 97:1–2,5–6,11–12
Juan 20:1a y 2–8

Cuando Herodes se dio cuenta de que los magos lo habían engañado, se puso furioso y mandó matar, en Belén y sus alrededores, a todos los niños menores de dos años, conforme a la fecha que los magos le habían indicado.
—MATEO 2:16

Pidamos hoy por todos los inocentes que han muerto durante este año en el mundo entero a causa de la ambición y la búsqueda de la riqueza mal habida. Ojalá que nunca nos acostumbremos a ver la injusticia y la violencia como una simple noticia. Que nuestro corazón este abierto a la compasión y la empatía con los que sufren.

Santos mártires inocentes, ¡rueguen por nosotros!

1 Juan 1:5—2:2
Salmo 124:2–3,4–5,7b–8
Mateo 2:13–18

29 DE DICIEMBRE

• SANTO TOMÁS BECKET, OBISPO Y MÁRTIR •

Quien afirma que está en la luz y odia a su hermano, está todavía en las tinieblas. Quien ama a su hermano permanece en la luz y no tropieza. Pero quien odia a su hermano está en las tinieblas, camina en las tinieblas y no sabe a dónde va, porque las tinieblas han cegado sus ojos.

—1 JUAN 2:9–11

Oremos al Señor, para que nos conceda la gracia de saber perdonar a nuestros hermanos:

> Concédenos, Dios nuestro,
> por la intercesión de santo Tomás Becket,
> saber defender la justicia y la verdad,
> y estar dispuestos a sacrificar
> y perdonar cualquier cosa,
> por amor a nuestros hermanos
> y a Cristo que vive y reina contigo.
> Amén.

1 Juan 2:3–11
Salmo 96:1–2a,2b–3,5b–6
Lucas 2:22–35

Viernes

30 DE DICIEMBRE

• FIESTA DE LA SAGRADA FAMILIA DE JESÚS, MARÍA Y JOSÉ •

Que en sus corazones reine la paz de Cristo, esa paz a la que han sido llamados, como miembros de un solo cuerpo. Finalmente, sean agradecidos.
—COLOSENSES 3:15

Hagamos oración por nuestras familias y las del mundo entero:

Dios, haz que tu gracia guíe los pensamientos y las
obras de los cónyuges, para el bien propio y de
todas las familias del mundo.
Por Cristo, nuestro Señor, Camino, Verdad y Vida,
por los siglos de los siglos.
Amén.

SAN JUAN PABLO II
Sirácide 3:2–6,12–14
Salmo 128:1–2,3,4–5
Colosenses 3:12–21 o 3:12–17
Mateo 2:13–15,19–23

De su plenitud hemos recibido todos gracia sobre gracia.
Porque la ley fue dada por medio de Moisés,
mientras que la gracia y la verdad vinieron por Jesucristo.
—JUAN 1:16–17

La gratitud trae consigo nuevos beneficios. Dar gracias por el año que termina es una gran oportunidad para mostrarle a Dios, a la familia, a los amigos y compañeros de trabajo nuestro agradecimiento. Nunca es tarde para decir gracias. Recordemos que el tiempo pasa volando y cada momento estamos más cerca de ver esa gracia ante nuestros ojos.

Hagamos nuestro examen de conciencia y confiemos en el Señor, para que el año nuevo sea lleno de gracia.

1 Juan 2:18–21
Salmo 96:1–2,11–12,13
Juan 1:1–18

Acerca de la autora

Lupita Vital Cruz es Asociada de las Hermanas de la Presentación de María (PBVM) y ha trabajado en el campo de la catequesis durante los últimos 25 años. Creció en Guadalajara, Jalisco. Obtuvo su título de maestría en catequesis de la Universidad de Santa Clara, California. Desde el año 2010 es Directora del Apostolado Hispano en la Diócesis de San José, California. En el año 2014 recibió el premio "Allan Figueroa Deck, SJ", por su sobresaliente contribución a la teología hispana y a la formación en el liderazgo ministerial del Instituto Hispano de Berkeley y la Universidad de Santa Clara.